シリーズ近江文庫
Ohmi Library

ほんがら松明復活

近江八幡市島町・自立した農村集落への実践

水野馨生里
mizuno kaori

〈特別協力〉
長岡野亜・地域プロデューサーズ ひょうたんからKO-MA

新評論

①子供松明へ火入れをする
②ほんがら松明の芯づくり。世代を超えて技が引き継がれる
③完成した芯が神社に運びこまれる

②

③

④材料を整え、松明結いがはじまる
⑤芯の周りに稲藁などを巻きつけていく
⑥徐々に松明の形が立ち現われてくる
⑦ほんがら松明は芯が空洞になっている

⑧巨大な松明が軽トラックで運ばれる
⑨力を合わせ松明を境内に立て、完成だ
⑩祭りの日を待ちわびる松明たち
⑪ほんがら松明の奉納には大勢の力が必要となる
⑫松明は、炎に覆われ奉納されていく

⑪

⑫

⑭

⑬ろうそくのように天辺から燃え上がるほんがら松明
⑭初夏、いもち送りが行われる。夕刻、島町全体が幻想的な雰囲気に包まれる
⑮子供も一人一本松明を携え、あぜ道をめぐる

⑮

⑯初秋、稲刈りが行われる。はさかけして乾燥させた稲藁は松明につかわれる
⑰権現山の冬化粧
⑱２月、獅子舞が訪れ、町を賑やかにする

（④⑦⑩⑬⑯⑰⑱は写真提供：ひょうたんからKO-MA）

はじめに

「近江八幡《おうみはちまん》のある村の祭りで奉納される〝ほんがら松明《たいまつ》〟が、五〇年ぶりに復活しました。ぼくたちは、その復活にかかわった村人たちの姿をドキュメンタリー映画にしました」

穏やかな雰囲気の一人の男性が、ゆったりとした調子でこう発表した。私は前のめりになりながら、その話を聞くことに夢中になってしまった。

「五〇年ぶり」、「復活」――私をとらえたのはこの二つのキーワードである。

彼の名前は藤田知丈。滋賀県近江八幡市で活動する「ひょうたんからKO-MA」のメンバーの一人である（「ひょうたんからKO-MA」という不思議な名前の由来についてはのちに詳述）。この団体が、松明復活の物語を綴る映画『ほんがら』をつくりあげたのだ。

二〇〇八年二月九日、東京都墨田区吾妻橋、黄金色のオブジェが目印となっている「アサヒ・アートスクエア」で私は、ほんがら松明復活の物語に偶然出合った。

この出合いの場となったのが、アサヒビールが全国のアートＮＰＯや市民グループと協働で行っている「アサヒ・アート・フェスティバル（ＡＡＦ）」[1]の「ネットワーク会議」である。「ＡＡＦ」とは、アートと社会をつなぎ、そこから地域再生を目指している全国の団体が、自立とネットワークを共存させながら毎年夏に開催しているアートのお祭りだ。「地域」と「アート」がキーワードとなっているので、さまざまな特徴をもつ全国の団体が参加している。そして、ＡＡＦへの参加者は、年に三回東京に集まって交流する。そのうち、ＡＡＦ会期中に初めて参加者が顔を合わせる場が「ネットワーク会議」である。ここでの交流から、新たな企画が生まれることも少なくない。

このＡＡＦへ参加した団体の一つが、映画『ほんがら』を制作した「ひょうたんから KO-MA」であった。それは、滋賀県で地域づくりの仕掛け人として育成された人々の集まりらしく、そのメンバーが、五〇年ぶりに近江八幡市の島町という集落で復活した「ほんがら松明」を題材としてドキュメンタリー映画をつくったのだ。

私は、きっとすばらしいストーリーがその背景にあるにちがいないと半ば確信して、飛びついてしまった。そして、一か月後に行われた島町での上映会にも足を運んだ。期待はずれに終わったらどうしよう、と思いながらたどり着いた島町。しかし、期待を裏切られるどころか、私はどんどん深みにはまっていった。

とくに観光名所でもなければ、一見とりたてて大きな特徴があるわけでもない小さな一つの地域で「ほんがら松明」というシンボルが復活したという「事実」。それは、とてつもなく大きな力をもっている。それを取り巻く人々や、それが成し遂げられた場所には必ず何かがあっただろうし、またこれから先にも何かがあるだろうと感じたのだ。

私がそう思うようになったのにはわけがある。実は、私は、二〇〇四年から岐阜市の伝統工芸品である「水うちわ」を一三年ぶりに復活させるというプロジェクトに参画した。水うちわとは、水のように透けて見えることからその名がついた。現在ではほとんど市場に出回っていない雁皮《がんぴ》紙《し》という紙を表面に張り、上からニスを塗ることで向こう側が見えるくらい透明感のあるうちわができあがる。

岐阜市で明治時代に生まれたものだが、雁皮紙の入手が困難になるなど、いくつかの理由で生産が中止となっていた。水うちわのあまりの美しさ、そしてその歴史や誕生の文化的な背景を調べていけばいくほど水うちわに惹かれていった私は、うちわ職人や岐阜の若者たちとともに、二〇〇四年春、復活をめざして活動をはじめたのだ。さまざまな人の尽力によって水うちわはもう一度つくられはじめることになったわけだが、その過程で私は本当にたくさんのことを学んだ。

（1）アサヒビールがメセナ活動の集大成として取り組むプロジェクト。市民がアートの力で地域の未来を切り開こうとするプロジェクトの全国ネットワーク。「市民の主体的な参加によるアート・フェスティバル」との趣旨のもと、アサヒビールと全国のアートＮＰＯや市民グループとが協働して二〇〇二年にスタートした。

水うちわには竹と和紙とニスが必要で、さらに職人がいなければつくれない。また、水うちわを使ってみたいと思う人や、それを支援する人も当然必要となってくる。すなわち、水うちわをつくりつづけることのできる環境が整っていなければならないのだ。

すべての条件が満たされないと、水うちわが復活したとしてもまたすぐになくなってしまうかもしれない。要するに、水うちわが復活して、それがつくりつづけられていくという背景にはとてつもなく大きな意味が潜んでいるのだ（本書ではそのすべてを伝えることができないので、拙著『水うちわをめぐる旅――長良川でつながる地域デザイン』を読んでいただければありがたい）。

きっとこれらのことは、いかなることに関しても言えると思う。どんなことであっても、何かを復活させたり何かをつくりあげるためには、人々の熱い思い、そして着実な実践があると思っている。ゆえに、ほんがら松明が五〇年もの時を経て復活を遂げたということは、どんなに小さな、誰も知らないような町での出来事であったとしても大変なことであると私は感じたわけである。

誰が、どういう理由で復活させようと思ったのだろうか。どうして五〇年前はつくられていたのに、今はつくられなくなっていたのだろうか。そもそも、その町とはどのような地域なのだろうか。きっと、水うちわと同じような、何か物語が潜んでいるにちがいない……。

とある小さな集落において進行中の小さな物語。ほんがら復活のストーリーをはじめていきたい。まだ映画『ほんがら』を観ていない方も本書を読んでいただくことで近江八幡市島町のイメージをつかんでいただいてから映画鑑賞をしていただければと思う。きっと、ともに伝えているメッセージが明確に現れてくるだろう。

なお、本書においては、映画監督である長岡野亜《ながおかのあ》氏らによるヒアリングの書き起こし資料を使わせていただくとともに、独自の取材による内容も書かせていただいた。当然、映画とシンクロするところもあるが、映画と本書、どちらかでしか触れていない事柄も多々ある。

とはいっても、本書で伝えられる「ほんがら松明復活のストーリー」はほんの一部でしかない。しかし、ほんの一部であっても、島町の魅力、そしてほんがらのもつ「力」を味わっていただけるように話を進めていきたいと思っている。

そして、お願いが一つある。ぜひ、あなたの身近な町やふるさとを思い浮かべながら本書を読んでいただきたい。もしかしたら、日常に埋もれてしまっている大切な何かが見えてくるかもしれないし、それが、毎日の生活に少しの彩りを添えることになるかもしれない。本書で描く物語が、あなたにとっても新しい「再発見」になることを祈っている。

もくじ

第3章 ほんがら松明復活のきっかけ——61

第4章

松明をつくるために　87

第5章

ほんがら松明のつくり方 123

第6章 いよいよ祭りの日がやって来る――161

ほんがら松明復活——近江八幡市島町《しまちょう》・自立した農村集落への実践

第1章

初めての近江来訪

近江八幡旧市街地の町並み

滋賀県近江八幡市島町、二〇〇八年三月八日に私は初めてこの地を訪れた。ＪＲ琵琶湖線の近江八幡駅で下車して、ここからバスに乗る。駅舎を背中に、走り出してから数分もたたないうちに、いわゆる地方都市的な風景が見えてくる。どこにでもあるコンビニエンスストアやビジネスホテル、そしてファミリーレストランを通りすぎていく。決して大きな町とは言えないが、車の交通量は多い。ここも、すっかり車社会なのだろう。

その後、にわかに貫禄ある古い佇まいの家並みが視界に入ってきた。戦国時代から歴史のつづく城下町、近江商人が活躍した地を彷彿とさせてくれる。バスの中から細い道をちらちらと覗くと、歩いて町を散策している人の姿がぽつぽつと見えた。年季の入った濃い茶褐色の木格子や、大きくなりすぎた中庭の松の木が町の歴史の深さを物語っている。

このあたりのバス停で、駅からいっしょに乗り合わせた観光客らしき人たちがみな降りていった。今度来たときは、私もこの風情ある町並みを歩いてみよう。でも今日は、もう少し先までバスに乗っていかなければならない。貸し切り状態となったバスの中で、広めの席に移って車窓の眺めを独り占めする。

旧市街地を抜けると、はるか遠くまでつづく平らな土地が目に入ってきた。田んぼ、そして葦《よし》の群生する水郷が一面に広がっている。田んぼはすべてただひたすら真っ直ぐに区画されており、一枚一枚が広大な面積となっている。戦後、米の収穫量を上げるために大規模な整備が行われたのだろう。真っ平らな田園地帯には、先を遮る建物はほとんどない。私は、広々とした澄んだ気分でバスに揺られた。

和舟に乗って水郷の自然をゆったり満喫するという「水郷めぐり」の看板をいくつかすぎると、こんもりとした低い山が現れ、その山裾の斜面に十数軒の家がへばりつくように立っている。どうやら、一つの小さな集落となっているようだ。よく見てみると、茅葺屋根の大きな昔ながらの民家も健在の様子だ。山の手前は、平らで広大な田んぼと畑。このあたりは、かつてから豊かな地域だったのかな……。こんな風景を眺めているうちにたどり着いたのが「渡合《わたらい》」というバス停である。たった一五分でこんなにも風景が変わるなんて。駅前―城下町―田んぼ―水郷、そして……ずいぶん町から離れたように感じる。降りる客は私だけ。渡合から乗る客はいないから、バスは空っぽのまま終点の「長命寺」まで走るのだろう。バスは、すぐ先にあるカーブを曲がっていった。なんか、一人取り残されたような感じだ。

バス停から数十メートルほど先に、今日の目的地である島小学校の体育館がある。岐阜市に住む私にとって滋賀県はお隣りで身近に感じてはいるが、正直、立ち寄ったことはほとんどない。初めて足を踏み入れる近江の地なのに、目的地がこじんまりとした小さな集落の小学校とは。友達に自慢できないくらいマイナーな感じがする。とはいえ、私はこの日が来るのを待ちわびていたのだ。

映画『ほんがら』

まるで宇宙からやって来たもののような、これまでに見たことのないちょこっとへんてこな、でもどこか神聖な物体。数人でようやく抱えられる太さの、六メートル以上もあるロウソクのような奇妙な形をした巨大な松明が神社の境内に六本、ぽつんぽつんと置かれている。背の低いものや、太いもの、ちょっと右にゆがんだものなど、同じように見えてもよく観察してみると少しずつ表情が違う。

これらの松明は、竹で組み上げた芯の上から稲藁や葦《よし》が重ねられており、表面は菜種殻で覆われている。天辺《てっぺん》には、空に向かって広げている「笠」が取り付けられており、今にも天に飛び立ちそう

若宮神社の境内に並ぶ松明（写真提供：ひょうたんから KO-MA）

な様相をしている。

火を扱う祭事は日本全国の至る所で行われているが、こんなに大きな、そしてこんなにも変わった形状の松明にはそうそう出合うことはないだろう。それくらい『未知との遭遇』のような雰囲気を醸し出している。

神社の境内にひしめき合うように立てられた松明たちには、時間が来ると一本ずつ火がくべられる。乾ききった菜種の殻を束にして持ち、先のほうに火をつけるとまたたく間に勢いよく燃え上がった。その炎の束を持って、菜種殻で「化粧した」松明に近づけると、火が吸いつくように移っていく。

「ゴォォォー　バチバチバチ　パチッ　バチバチバチ」

あっという間にあたり一面が炎に覆われ、いつもは静かで穏やかな神社の境内が火の海となった。表面の菜種殻や稲藁、葦がどんどん燃えて崩れていく。その迫力はものすごく、スクリーンから今にも火がメラメラと飛び出してきそうだ。


私が映画『ほんがら』を初めて観たのは二〇〇八年三月八日の夜、この祭事が行われている滋賀県近江八幡市島町の島小学校の体育館で行われたお披露目上映会のときである。その日は風がひどく冷たくて、三月とはいえ真冬の寒さが立ちこめていた。上映会がはじまる前、体育館の入り口で地元の人たちが豚汁やおにぎりを振る舞ってくれた。「ふーふー」と熱い豚汁をすすっていると、冷え切った体が芯からじんと温かく溶けていくようだった。

開場の午後五時をすぎると、分厚い座布団やふかふかの毛布、フリースの上着などを腕いっぱいに抱えて体育館に入っていく人々が目立ちはじめた。地元の幼稚園児、小学生からおじいさんおばあさんまで、その世代もさまざまである。なんだか、みんなワクワクしたような表情をしている。初めての上映会をきっと心待ちにしていたのだろう。

体育館には、上映会のために特別につくられたミニチュアの「ほんがら松明」が見本として置かれている。ミニチュアといっても二メートルくらいの高さがあり、しっかりとした存在感がある。

体育館で上映会を待ちわびる人々

そして壁には、七〇～八〇代のおじいさん、おばあさんらの若いころの白黒写真が飾られている。「これは〇〇だ」、「あれは私だ」といったにぎやかな会話を盗み聞きするのも楽しい。

上映会を主催したのは、この映画を制作した「ひょうたんからKO-MA」のメンバーたちだ。一年以上をかけて撮った作品を、今日、初めて公開する。彼らの顔は真剣で、そしてはつらつとしている。

午後六時。いよいよ映画がはじまる。会場には、地域の人を中心に三〇〇人もの観客が詰めかけ、冷たいはずの体育館の床は人の熱気で暖かくなっていた。周りを見わたしてみると、なんとなく緊張感が漂っているようだ。どんな映画なんだろうかと、期待と緊張が入り混じっているのかもしれない。

映画の初めてのお披露目ということで、島町に住んでいるソプラノ歌手である磨谷真理《とぎやまり》氏(1)が歌う童謡のメドレーが登場するという演出もあった。同じ町内だけど、彼女の歌を聴いたことがない人もいる。「ひょうたんからKO-MA」の心のこもったプレゼントだ。小さな村の小学校の体育館に、張りのある伸びやかな美声が響きわたった。

それでもまだ緊張が解けないなかで上映がはじまった。そして、いざ映画がはじまると、時折

(1) 近江八幡市島町在住のソプラノ歌手。国立音楽大学声楽科卒。現在、滋賀県各地で精力的に合唱指導をしている。

笑い声や歓声がどっと起こり、はやし立てる声も聞こえてきて、その場の空気がどんどん和らいでいった。自分たちが住む地域が主人公の物語。いつもの風景、いつもの自分が映画になって大きなスクリーンに投影されていく。うれしさと気恥かしさを感じるとともに、奇妙な気分も抱いているのかもしれない。改めて自分のふるさとを眺めた地元の人たち、いったいどのような感想をもったのだろうか。

そんなことを考えていた私も次第に映像に引き込まれ、いつのまにかスクリーンに釘付けとなっていた。

映画『ほんがら』は、滋賀県近江八幡市島町で「ほんがら松明」を五〇年ぶりに復活させた島町の老人クラブのメンバーに一年以上の取材を行って制作された作品である。とある小さな集落の出来事なのだが、その奥に詰め込まれている数々の物語は私の心にたくさんのことを訴えかけてきた。

私は漠然と、季節ごとの村の自然と生物の営みを愛おしく思い、そこで生きてきた人たちの言葉と表情から、地域の歴史の深さや暮らしの知恵、生きるたくましさを感じた。そして何よりも、「ほんがら松明」復活の生の物語《ストーリー》に強く心打たれた。

じんわりと人の温もりが充満した会場で、映画をつくった長岡野亜《ながおかのあ》監督が前に現れて挨拶をした。小柄で華奢、そんな体でよくもこれほどの映画をつくりあげたものだ……そんな第一印象を抱いたが、話を聞いていると芯の強い勢いのある若手映画監督ということが分かってきた。

話し終えた彼女は、映画に登場したおじいさんたち、そして若者たちの名前を一人ずつ読み上げ、観客席からスクリーンの前に集めた。地元の人たちと長岡監督は、一年を超える撮影のためであろうか、もうすっかり打ち解けているように見える。

予想外だよ、というような感じで躊躇しながら腰を上げるおじいさんや若者たち。映画のなかの生き生きとした顔つきにはほど遠く、ちょっぴり恥ずかしそうな表情を浮かべて横一列に並んだ。そして、「主役」たちは一人ずつ思うところを述べていった。

おうみ未来塾

『ほんがら』は、二〇〇六年六月から二〇〇八年二月までの、およそ一年半の時間を費やしてつくられたドキュメンタリー映画だ。延べ一一〇日間の取材、全部で一五〇時間もの撮影を経て、三月八日の上映会の直前に完成した。

この映画を企画したのは、「地域プロデューサーズひょうたんから KO-MA」である。この名前を聞いてどうしても気になったので『大辞林』（三省堂、第二版）で調べてみた。

「瓢箪（ひょうたん）から駒（コマ）」とは、

❶ 冗談で言ったことが思いがけず事実として実現してしまう。

❷ 道理上、あるはずのないことのたとえにいう。

はて、この団体の名前にはいったいどういう意図があるんだろう。どのような経緯で生まれた組織なのだろうか。このような映画をつくりあげたのだから、並々ならぬ人たちにちがいない。ひょうたんからKO-MAは、「おうみ未来塾」の七期生の仲間で結成された団体という。本題に入る前に、まずは「おうみ未来塾」についてお話をしよう。

一九九七年、滋賀県民の社会的な活動を支援するために財団法人「淡海文化振興財団」[2]が設立された。今でこそ、ＮＰＯや社会的起業家と呼ばれる人々が増えて広く認知されているが、今から一〇年以上も前にこうした活動の支援をはじめる財団ができたことは、全国的に見ても先進的と言える。

それには、この土地ならではのわけがあった。滋賀県には、ご存じのように日本で一番広い湖がある。琵琶湖は、ここに暮らす人々の誇りである。そして、その背景には湖の恩恵を受けて生きてきたという歴史がある。ところが、この琵琶湖を脅かす大きな問題が起こった。

一九七七年、琵琶湖で初めて赤潮が大発生したのだ。急速な都市化による水質悪化が主な原因であったが、その事実は人々に大きな衝撃を与えた。琵琶湖と寄り添って先人たちが積み重ねてきた暮らしが目の前で崩れようとしている。このショックと危機感がきっかけとなり、一九七九年に行政、県民の協働のもとつくられたのが「琵琶湖条例」(3)である。

この条例は、琵琶湖の環境を守るためにそれぞれができることは何かを互いに考え尽くした結晶と言える。あらゆる立場の人たちが、いっしょになって同じ目標に向かって行動をしていく。これはまさに、滋賀県での社会的活動、行政・県民の協働の萌芽となった。

それだけではない。今から二〇年以上も前に、驚くべきビックイベントが琵琶湖で行われていた。それは、一九八七年に開催された「抱きしめてBIWAKO」だ。重症心身障害者施設、びわこ学園医療福祉センター草津(当時は「びわこ学園」)の老朽化にともなう新築移転費用を賄うために行われた、いわゆるチャリティーイベントである。

琵琶湖一周、集まった人みんなが手をつないで湖を囲んだのだ。参加者約二五万人、二五〇キ

---

(2) 一九九七年四月一日設立。愛称は「淡海ネットワークセンター」。市民活動、ボランティア、NPOに対する関心の高まりを受け、自主的で営利を目的としない社会的活動を支援している。「おうみ未来塾」は、当財団が一事業として行っているもの。

(3) 滋賀県琵琶湖の富栄養化の防止に関する条例の略称。「自治と連帯の芽を育てながら、一体となって琵琶湖を守り、美しい琵琶湖を次代に引継ぐ」ための第一歩として、排出水の規制などにより富栄養化を防止する目的で一九七九年に制定された。

ロメートルにも及ぶ距離を人々がつないだのだ（湖周囲は約二三五キロ、周回道路は二五〇キロ）。参加者それぞれが一人一〇〇〇円の参加費を出したため、新築移転に必要とされるお金が集まり、無事にびわこ学園は新築工事を終えることができた。

「こんなイベント、本当に可能なの!?」と、耳を疑ってしまった。これこそ滋賀県、琵琶湖の底力なのか……。こうした下地がすでにここにはあったということだ。

時の流れとともに県内では、まちづくりや福祉、教育など、地域の抱える課題に市民が携わるようになっていった。こうした動きの活溌さがゆえに、市民が活動する場の提供や、情報収集などの事業を進める団体として淡海文化振興財団が誕生したのである。

さて、この財団が行う事業の一つとして人材育成がある。地域を盛りあげていく仕掛け人、実践する人を育てていくものだ。それが、一九九九年から開始された「おうみ未来塾」である。

おうみ未来塾とは、地域の課題を自ら発見して、それを解決していくために活動する地域プロデューサーを養成する、その名の通り「塾」である。おうみ未来塾には、滋賀県内の地域の問題に積極的に取り組んでいく意志のある人であれば誰でも参加することができる。月一回、週末の時間を利用して、二〇から二五人の塾生がともに学ぶ場が提供されている。

当然、年齢も職業も性別も、それまでの経歴もみんなばらばらである。五〇代の電気関係技師もいれば四〇代の会社経営者もいるし、二〇代の会社員、専業主婦から学校の先生に至るまでさまざまな人が参加をしている。この塾に参加しなかったら絶対に出会わないような人たちが、たちまちつながってしまうのだ。

一年目は、どのようにして地域の人やさまざまな分野の人と交流を深めていくか、また問題を解決する考え方などを講義形式やワークショップなどで学習する。と同時に、問題解決のために、地域へ実際に出かけてヒアリングや調査なども行っている。教室のなかだけではなく、現場に出向いて地域の空気を吸うことも大事とされているのだ。おうみ未来塾の塾長であった日高敏隆氏(4)は、「問題は地域にこそある」と強調している。

一年目の最後には、同期の塾生が取り組みたい地域や課題に分かれてグループを組むことになる。毎年ばらつきがあるものの、だい

おうみ未来塾での伊吹山合宿の様子（写真提供：ひょうたんから KO-MA）

たい五人から八人くらいのグループが四つから五つできる。そして、各グループが二年目にどのようなことを行っていくのかという計画を立てるのが一年目の終盤の課題である。

二年目になると、グループごとに自由に活動を進めていく。計画を実現するにはどうしたら一番よいのか、今できることとして何があるのかなど、それぞれの仕事や学業の傍ら、少なくとも月に一度は集まり、一年目の学びをもとにして行動指針を決めていく。ときとして、月に一度では足りず、二度、三度と時間を割くこともある。それくらい、課題解決に対して貪欲に取り組む人々が集まっているのだ。

二年目の「創造実践コース」で活動を進めたグループのなかには、おうみ未来塾を卒塾してからも継続するところもあるようだ。また、グループは解散しても個人で新しいテーマに挑戦していく人もいる。

「ひょうたんから KO-MA」の誕生

こうして、おうみ未来塾には何期もの塾生が入り、卒塾生が輩出されていった。たった二年間の塾とはいえ、とにかくあらゆる分野の、これまで接点のなかったジャンルの人たちとの出会いや、さまざまな地域での取り組みを学び合うという時間は貴重で得がたいものである。卒塾生の声を聞くと、「ここでつくりあげた人とのつながりが、卒塾後の一番の宝物になる」ようだ。

さて、ひょうたんからKO-MAもこれらの塾生のなかから誕生した。二〇〇五年四月に入塾した七期生によってつくられたグループの一つである。

例年と同じように、一年目の終わりにグループ分けと、二年目からの活動計画づくりの課題が出された。一年目で学んだことを実践するために、二年目は活動場所や目標を決めて具体的に取り組みをはじめるのだ。七期生のなかには、米原市曲谷《まがたに》という高齢化・過疎化の進む中山間地で、地域再生と自立を目指してエコツアーの企画を行う「曲谷LOHAS倶楽部」や、「逢味《おうみ》おむすび隊」といって、現代の食生活を改善するために米づくりや講座を通じて食育を行うグループなどができていった。

そんななか、型にはまるのが苦手なはみ出し者の何人かが、どのグループにも入れずあぶれていた。それらのメンバーが寄せ集まってできたのが「ひょうたんからKO-MA」である。ひょうたんからKO-MAは、二〇代から六〇代までの公務員や会社員、そしてフリーの司会者から舞台

(4)（一九三〇～二〇〇九）東京生まれ。一九五二年、東京大学理学部動物学科卒業。幼いころから動物の行動に関心をもち、日本における動物行動学の発展を推進した。一九八二年、日本動物行動学会を設立。滋賀県立大学初代学長（名誉学長）、京都大学名誉教授を歴任。二〇〇九年一一月に享年七九歳で他界された。著書に、『人間はどこまで動物か』『動物はなぜ動物になったか』など多数。

関係者……などの七人で二〇〇六年四月に構成された。普通にしていたら集まるはずのないさまざまな分野の人たちが一つのグループになった意外性と、ここから何か新しいことがひょんなきっかけで生まれるかも……という期待も込めてこのグループは「ひょうたんからKO-MA」と名付けられた。

そのメンバーとして、漫才師やケーブルテレビ局のレポーターなどの経歴をもち、フリーの司会者としてさまざまな地域イベントの盛り上げ役を担っている大河原佳子、高齢化社会に対する問題意識をもち、かねてから地域活動に参画したいと思っていた冨永清美、舞台芸術の企画制作者として働いていたが、アートの世界が閉じられていると感じて地域で「劇場」をつくっていきたいと構想している根木山恒平、市役所でまちづくりの推進を担当し、明るくひょうきんなキャラクターが魅力の橋俊明、中高生が地域活動に参画できる機会が少ない地域の現状を危惧している森田紀嗣、さらに今回、映画『ほんがら』の撮影で中核を担った藤田知丈と中川豊一といった顔ぶれがそろった。

藤田は近江八幡市街に住み、市や市民の情報化を支援、促進するマルチメディアセンターの運営を行っている。学生時代から琵琶湖の自然環境に着目し、研究や自然保護活動を行ってきた。とても穏やかで物腰がやわらかく、誰とでもすぐに打ち解けてしまう人である。そして、人と人、人と地域、地域と地域を見事につなげていくプロデューサータイプといった人柄である。それ以外にも、地域の伝承、伝説など民俗的な話にも好奇心旺盛で、いまや島町の知識に関しては、彼の頭のなかが宝庫と言ってもいいくらいである。

中川は、映画の舞台となる島町生まれの島町育ちである。町内では、頼られる中堅世代である。闇雲に「地域活性化」と叫ぶのではなく、集落を維持するために保つべき戸数や、そのために何をすべきかということを具体的に思い描いている町のブレイン的な存在だ。

実は中川は、ふるさとの島町で何か活動しようと思っておうみ未来塾に参加したわけではなかった。それどころか、地域内のしがらみや暗黙のルールなどに抵抗感を感じていた。ふるさとのために何かをしたいとか、地域をどうにかしたいと思う気持ちは当初なかったと言う。しかし、ひょうたんからKO-MAのメンバーとともに動いてい

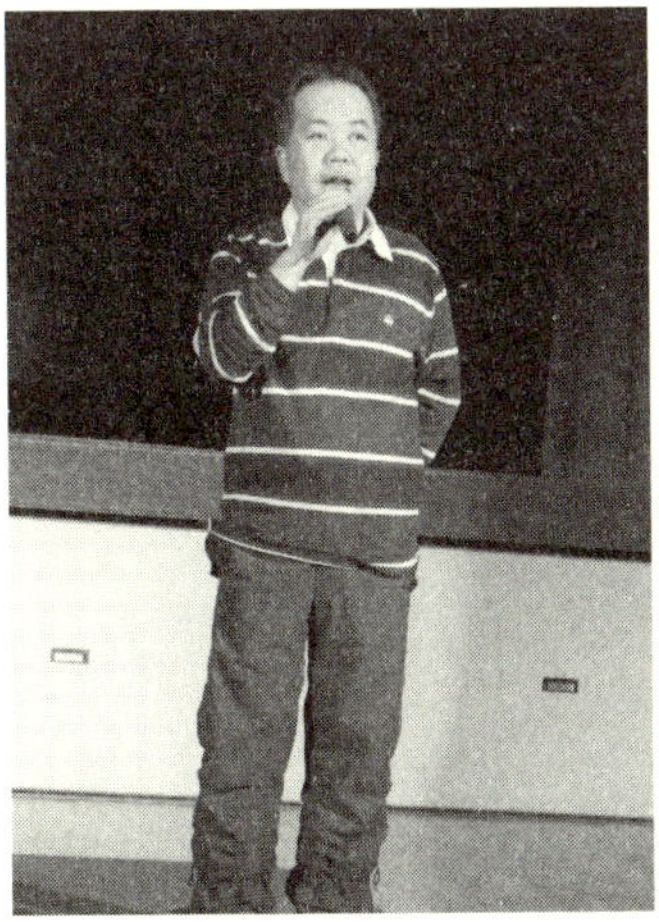

中川豊一（上映会にて）

藤田知丈

くなかでその心境が変化していったのだ。詳しくはのちに触れることになるが、結果、彼は島町全体の地域づくりをコーディネートするに至っている。このバラエティーに富んだ七人に加え、淡海ネットワークセンターの職員で七期生を担当していた林章も途中からひょうたんからKO-MAの活動に参加して、映画制作にかかわることとなった。

ここ数年、インターネットの普及が後押しとなって、日常生活では触れ合うことのない人と出会うことは決して難しいことではない。しかし、自分のもっている問題意識や危機感を打ち明けられるような場や相手が簡単に見つかるものではない。つまり、おうみ未来塾は、地域、社会の抱える課題を解決していきたいという意識を共有する人々の貴重なプラットフォームと言えるのだ。仲間がいるからこそ、勇気をもって考えて動くことができる。

こうした場で立ち上がった「ひょうたんからKO-MA」であるが、型にはまらない人々の集まりがゆえに初めからはっきりとした目標があったわけではない。メンバーのそれぞれが抱えている問題意識を共有したり、特定の地域にまず足を運び、グループとして何をしていくのかということから決めることとなった。

映画『ほんがら』――撮影のはじまり

私のお気に入りのワンシーン。それは冒頭部分の島町全体を空から望む場面で、あたかも自分が自由に飛び回る鳥になったような気分を堪能することができる。

遠方にかすんで見える琵琶湖と湖に浮かぶ島の景勝。湖のすぐ裾には緑の山並みが広がる。この小さな山脈は、寄り沿うように小さくまとまった島町の集落を懐に入れ、まるで守っているかのようだ。集落の手前側は、きれいに区画分けされた田んぼが一面を覆っている。近江八幡の街につながる幅広い幹線道路と田んぼの境界には大きな川が流れ、島町は湖と川にちょうど挟まれた、まさに「島」のようだと言える。説明されなくとも、島町という知名の意味をそれとなく教えてくれるワンシーンである。

長岡　もうグルグルして、気持ち悪くって。ほんま吐きそうやった。

著者　それで、どうしたんですか……？

長岡　一人な、インストラクターみたいな人がついててくれたから、「吐いていいですかっ？」って聞いてみたんや。

著者　それで……？
長岡　しょうがないってことになって。で、空中から吐いたん。
著者　そ、それはどうなったんでしょうか……？
長岡　知らんよ。どっかに落ちたんと違う？

若手の女性映画監督の長岡野亜《ながおかのあ》。彼女が、映画『ほんがら』をつくりあげた張本人だ。私のお気に入りシーンは、どうやら彼女が初めてパラグライダーに乗って、大事なカメラをガチガチに抱え、目眩《めまい》と吐き気をもよおしながら命をかけて撮影したものだということが分かった。あんなに美しい風景なのに、きっとそれを満喫する余裕はなかったんだろうな……彼女の話を聞いてまずそう思った。と同時に、なんて勢いがあって、思いの強い監督なんだろう！　と、尊敬の念も抱いた。

映画監督長岡野亜とアシスタントをする藤田知丈（写真提供：ひょうたんからKO-MA）

映画の撮影は、彼女がカメラを抱えて島町に入り込んでいったことからはじまった。

長岡は大学のときにアジアやアラスカを旅し、それ以来写真を撮りはじめたという。その後、映画監督の原一男氏[5]が主宰する「CINEMA 塾」に参加し、ドキュメンタリー映画の制作を開始した。彼女は、二〇〇二年には『かけがえの前進』[6]を制作し、数々の映画祭で上映されている。二〇〇五年、二〇〇六年とつづけて作品を完成させ、『ほんがら』は長岡の四本目の作品である。

ひょうたんから KO-MA はこの長岡監督と映画づくりに取り組んだわけだが、実は最初からドキュメンタリー映画をつくろうとは考えていなかった。それどころか、映像を撮ることもどこからか降って湧いてきたような話だったのだ。

先にも述べたように、ひょうたんから KO-MA ははっきりとした目標を当初掲げていなかった。メンバーそれぞれの思いを語り合いながら、どこでどのような活動を行えばよいかとグループ

（5）一九四五年山口県生まれ。東京綜合写真専門学校中退。一九八七年『ゆきゆきて、神軍』監督・撮影（日本映画監督協会新人賞、ベルリン映画祭カリガリ映画賞などを受賞）。その他、多数の作品にて受賞を重ねている。『ほんがら』の監督である長岡氏は、後進の育成のために主宰した「CINEMA 塾」の塾生である。二〇〇六年より大阪芸術大学映像学科教授。

（6）映画監督・原一男の主宰する「CINEMA 塾」に参加して制作したドキュメンタリー映画。二〇〇三年、山形国際ドキュメンタリー映画祭、二〇〇四年、ドイツ・フランクフルト日本映画祭「Nippon Connection」に上映参加している。

プで考えていたときに、メンバーの一人である中川に次のような話が舞い込んできた。

中川のふるさとである近江八幡市島町の老人クラブの何人かが、五〇年ぶりに「ほんがら松明」を復活させたいと思っているという話がある。何でも、今ではもうつくられていないもので、つくり方を知っている人も減ってきた。だから、老人クラブのなかでつくり方の分かる人が健在なうちに一つつくってみようという話だった。

「そうだ中川くん、ちょっと悪いけど、その松明のつくり方を後世に残すために写真に収めておいてくれないか」と言う、老人クラブの会長の言葉がきっかけとなったのだ。

中川は、事の顛末をひょうたんからKO-MAのメンバーに話した。グループとして何かできないか……。そうしたときに、せっかく半世紀ぶりに復活する貴重な松明なのだから、写真ではなくて映像で残したらどうかという話になったのである。そこで、藤田が引っ張ってきたのが長岡監督だった。彼らは、かねてからの友人だったのである。

中川へ依頼したのは、当時の老人クラブの会長だった松村藤代司《とよし》さんだ。松村さんは、当時公民館長でもあり、中川の大先輩であり、地域内でも人望が厚く、これまでも何かと相談に乗ってもらっていたという間柄であった。のちに中川は、「この人から頼まれたらやるしかないというのが本当のところです」と明かしている。

さらに、映画づくりに話が進んだときに実際に踏み出すことができたのも、「この人といっしょなら最後までやり遂げられる」と、松村さんに絶対的な信頼を置いていたからだ。中川にとっては父親くらい年齢が離れている老人クラブのメンバーといっしょになって何かをするという話、普通だったら「とんでもない」ことだろう。しかし、かねてから松村さんとの関係があったからこそやってみようと思えたのだと言う。それを中川は、「田舎特有の上下関係と信頼感があったから」と言っている。

それに加えて、長岡の存在も忘れられない。ほんがら松明の復活をただ記録するだけではなく、彼女が特有の視線でもって独自のエッセンスを取り入れながら撮影を進めていった。そうしたなかで、島町の未来をまさに描いていくような希望に満ち溢れたドキュメンタリー映画がつくられていった。これこそ、どこから何が降ってくるか分からない「瓢箪から駒」らしい活動のはじまりであった。

とはいえ、映画が完成したのはこれまでに述べた人間関係だけが理由ではない。島町には、人を強く吸い寄せるような魅力が潜んでいたのだ。とはいえ、映画撮影がスタートした当初、中川はある不安を抱いていた。

「松明復活の話が映画一本分にもなるのだろうか……ちっぽけな村でのことだし、あまりにも小さな話で、ネタにもならないような話なんじゃないか……」

そして、撮影が進めば進むほどその不安は大きくなっていった。中川と長岡は何度も何度も議論を重ねた。撮影は進むがシナリオが見えてこない。しばらくすると、「何が撮りたいのや？ほんからの製造過程を収めるのと違うのか？」という声も老人クラブから聞こえはじめた。

長岡は、何時間もかけて島町の長老たちにカメラを向けて、彼らの表情や声と感情を撮りつづけた。実のところ、彼女も走りながら考えていたのだ。そして、決して一人に偏るのではなく、長岡自身が面白いと思った人を撮り、何かの集まりがあるたびにカメラを抱えて駆けつけた。また、自ら呼びかけて集まってもらう場もつくった。

日ごろあまり表に出てこない老人たちにもインタビューをし、カメラを回しつづけた。その先に何かが見えてくるだろう、ということを強く信じて。

こうした長岡の姿を見たからといって、中川の心配が消えたわけではない。しかし、長岡野亜という一人の映画監督に対する尊敬の念が心配事よりも上回るようになっていった。

「あの生き生きとした表情は、長岡さんが引き出した力です」と、中川は言っている。

私自身も、映画の主役たちがスクリーンのなかで遠慮なくつくる満面の笑顔にいつのまにか吸い寄せられていった。そして、彼らの、この島町という土地で生きてきたその裏側にあるものを知りたいという好奇心が次第に高まり、長岡監督の足跡をたどりはじめたのである。

第2章

近江八幡の松明行事

日牟禮八幡宮で奉納を待つ松明たち（八幡まつり）

島町での祭りの話をする前に、近江八幡で行われてきた火祭りについて触れておこう。滋賀県在住の方であればご存じとは思うが、近江八幡には松明を使った祭りがあちこちで見られる。近江八幡市のほぼ全域に火祭りがあり、それは他の地域と比べて群を抜いた数となっている。

近江八幡の旧市街地で行われている火を使った祭りは、大きく二つに分けられる。それは、「左義長《さぎちょう》祭」と「八幡まつり」だ。両方とも火を焚く祭りとして「火祭り」とも呼ばれているが、その源流はまったく別だし、取り仕切る人々も異なる。歴史がより古いのは「八幡まつり」だという。

日牟禮八幡宮のホームページによると、八幡まつりはこの土地に根付いて暮らしていた先住の人々によって一七〇〇年以上前から行われてきたと言われている。火の粉を散らしながら燃え盛る巨大松明を奉納する儀式は、氏神様への心からの祈りを見事に映し出すものである。一方、左儀長祭は、一五八五年に豊臣秀次[1]が八幡城を築き、その城下町に安土から移住してきた人々がはじめた祭りである。

安土からの新来の人々は、八幡まつりの規模の大きさ、厳かな雰囲気に驚きを隠せなかった。しかし、八幡まつりは先住の人々が連綿とつづけてきたものであるため、新来の人々は参加することができなかったのだという。今でこそこれらの新来の人々も日牟禮八幡宮[2]の氏子ではあるが、歴史の深い八幡まつりは、彼らを除いた「日牟禮一三郷[3]」と呼ばれるの集落が行っていた。無病息災、招福除災、五穀豊穣などを祈念するものとして毎年繰り返されてきた。

そして、左義長祭は、安土城下町から越して来た新来の人々の手によって四〇〇年以上前にはじめられた。四〇〇年というととんでもなく古くからある祭りと思えるのだが、八幡まつりは一七〇〇年以上の歴史があるため、それと比較するといつまでたっても新しい祭りなのだ。近江八幡の、深い歴史の重なりを感じさせられる。

すでに行われていた八幡まつりに参加できなかった新来の人々が独自に左義長祭を行うことで日牟禮八幡宮の例祭とし、町の繁栄、町内の安全などを祈願したわけである。

三月から四月にかけて、たった二か月の間に同じ神社で火を焚くお祭りが二度も行われる理由はここにある。どちらも、一年間の生活の安心と安全を氏神様に祈るもの。先住の人々だろうが新来の人々であろうが、日々の安寧は誰もが抱く切実な願いなのだ。

(1)（一五六八〜一五九五）豊臣秀吉の姉の息子でのちに秀吉の養子となる。一五八五年の紀伊雑賀攻め、四国征伐で軍功を挙げたため、近江の国蒲生郡八幡（現在の近江八幡）に四三万石を与えられて八幡城を築いた。領内の統治でも善政を敷いたと言われている。

(2) 一三一年、第一三代成務天皇が高穴穂の宮に即位したときに現在の近江八幡市に鎮座したと言われている。近江商人の信仰も厚く、国の選択無形民俗文化財である左儀長祭や八幡まつりなどが毎年行われている。

(3) 日牟禮八幡宮の氏子のうち旧八幡町を除いた一三の村（馬場、林［大林］、多賀、北之庄、市井、中［中村］、宇津呂、土田、鷹飼、小船木、船木、南津田、大房の旧一三か村）のこと。のちに馬場はなくなり、現在は一二。

島町の春祭り

近江八幡市内では、このような八幡まつりや左義長祭に加えて、各地域で松明を使った祭りが行われている。近江八幡旧市街地から五キロほど北に行った島町でも、正確には不詳とされているものの、千数百年もの歴史のある火祭りが八幡まつりと同じ四月に催されている。これも、八幡まつりのように地域を守る氏神様を祀るものである。もともとは毎年四月一五日に行われていたが、勤め人が増えてきたため、近年は四月の第三週の土・日曜日となった。

土曜日の夜が宵宮祭で、日曜日が本祭と、二日間にわたって祭事が執り行われている。本書の主人公である「ほんがら松明」が登場するのは宵宮祭で、島町に住む人々の氏神様を祀る若宮神社で行われる。翌日の本祭は、お隣の北津田町と合同で行い、その会場となるのは、両方の町に住む人々が氏子となっている大嶋・奥津嶋神社である。

宵宮では、若宮神社の境内に立てられた松明に炎を灯し、その明かりを目印に氏神様が集落内を通って大嶋・奥津嶋神社にわたられる。ここ五〇年ほどは、ほんがら松明より製作に手間と時間のかからない「どんがら松明」が奉納されてきた。そして次の日には、若宮神社の神様と大嶋・奥津嶋神社の神様がともに集落内をめぐり、自分の守る村の様子を眺められる。それが終わると、それぞれの神様は自らのお社《やしろ》に帰っていかれる。一年間、自分の住む村を見守ってもらえるよう、島町ではこうして人々が力を合わせて祭りを執り行ってきたのである。

さて、祭りは地域に住む人々が協力して一つのことをする絶好の機会となる。一年に一度しかなくても、一つの目標に向かっていっしょに作業することによって親しみが湧いてくる。それが代々受け継がれることによって家同士の信頼関係がずっとつづき、その地域での生活はより安心できるものとなる。

ところが、こうした集落内で積み重ねられてきた親密な人間関係は「しがらみ」と呼ばれて敬遠されるようになった。また、他人が自分の行動を知っていることは「プライバシーの侵害」と表現されるようになった。こうしたことに敏感な若者

若宮神社

たちは、自分の自由を求めて島町という地域社会を後にして何物にもとらわれない都会に出ていくようになったのだ。

「……あの、よそから来はって……隣さん留守やったね、今日はどこの田んぼにいはるということはね、もうみな、パッと一目で見たら『あぁ、あそこにいはる』とか。すぐどこどこの田やとか、全部、僕ら覚えてたんです。……ほんで、今日はここに、どこ行かはったやろうと言わはったら、『今日はな、あっこにいはるわ』ということを教えられたけんど。そういうことは、全然今はできないですな。こういう親睦がね、薄らいできてますよ。ふん」（雪吹良治）

朝起きたらすぐに車に乗って地域の外にある会社で働き、夜遅く帰ってくる。休日も遠方に遊びに行くという生活が多い今は、暮らしている土地への愛着どころか、地元のこと、隣りの人のことさえも知らないままますぎてしまう。そんな不安を話してくれた。

このような現状について、中川が私に次のように語った。

「どんどん若い人が島から出ていってしまい、帰ってこない……。今では、島町の三割は六五歳以上が占めている。このままにしておくと、島の暮らし、歴史を継承していくことができなくなってしまうのではないだろうか」

今、多くの農村集落では過疎が進んで担い手が減る一方となっている。田舎には仕事もないし、大学や病院もない。だから、都会で「立身出世」をめざしたほうがよっぽどましだ……と考える人も少なくない。しかし、自分の生まれた土地に愛着をもち、そのつづいてきた暮らしを守っていこうとする人も少なからずいる。事実、ここ島町には、歴史の長い火祭りを盛り立てていきたいという人がいた。私は、中川の話を聞きながらも、島町での松明復活の動きが必ずや地域の未来につながっていくと確信していた。

こうした人たちの思いやパワーはどこから来ているのだろうか。ただ単に、自分のふるさとだから執着しているのだろうか。当然、自分を育んでくれた土地だからという理由もあるかもしれない。だが、そうではない部分もあるにちがいない。

一見どこにでもありそうな小さな集落、島町。その歴史や伝説を調べたり、島町で暮らす長老格のおじいさんやおばあさんに話を聞いていくと、ここには長い長い時間の蓄積のなかで特別な物語がいくつもあることが分かってきた。私はいつも前のめりになりながら、彼らの話にグイグイと引き込まれていった。そんななか、もしかしたら、どこの地域にも島町のように何か物語があるのかもしれないという期待も同時に膨らんでいった。ただ、普段そうしたことに気がつかない、いや気がつこうとしていないだけなのかもしれない。私は「先輩」らを訪問するなかで、自分自身を顧るきっかけももらったように思う。

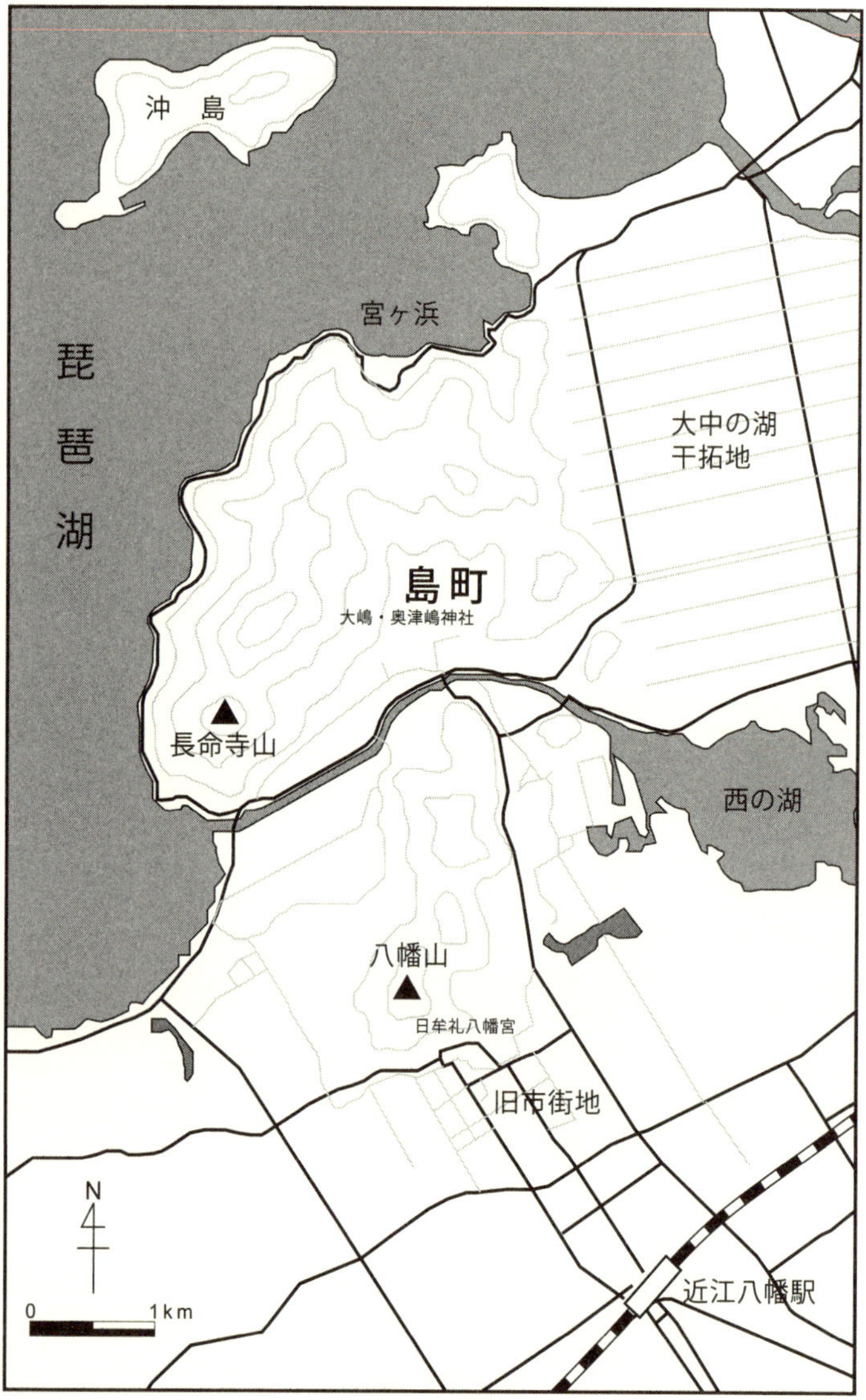
沖 島
琵琶湖
宮ヶ浜
大中の湖
干拓地
島町
大嶋・奥津嶋神社
長命寺山
西の湖
八幡山
日牟礼八幡宮
旧市街地
N
0
1km
近江八幡駅
島町の位置図

近江高天原《たかまがはら》説——島は「おのころ島」

日本には、いつごろから人類が住みはじめたのだろうか。自分の生まれ育った土地には、どれくらい前から人が住んでいるのだろうか。そんなことを考えることがある。

学校の歴史の授業で、古代の石器が発掘された国内各地の遺跡について勉強したし、古墳時代に栄えただろう地域や有名な古墳名はよくテストのときに書かされた。しかし、一番身近なはずの自分のふるさとの歴史や成り立ちを実はよく知らない。そういえば、近所にあるお寺は結構立派な構えだし、毎年、初詣に訪れる神社も太い杉林に囲まれていて古くからそこにありそうな雰囲気だ。調べてみると意外におもしろいのかもしれない……。

ここ島町は、なんと日本の発祥の地であるという伝説がある。日本発祥の地……。そう、日本で一番古い歴史書『古事記』に出てくるイザナギ、イザナミ[4]が最初につくって降り立った陸地である「おのころ島」が島町の裏手に広がる山塊だというのだ。そして、日本の神々が生まれた地である高天原は、島町周辺から近江八幡市の南西隣の野洲市を流れて琵琶湖に注ぐ野洲川にかけ

(4)　日本神話に初めて出てくる夫婦で、イザナギは男神、イザナミは女神。イザナギとイザナミの間に、日本国土をつくりあげる多くの神様が産まれ、国産みの神として奉られている。

ての蒲生野《がもうの》一帯ではないかとする説があるのだ。

高天原がどこなのか、という伝説はさまざまある。そもそも伝説なのだから実際には存在しない、または日本ではなく中国などの海外にある、はたまた国内で高天原とつく地名があるがそこと関係あるはずだなど、時代を超えて議論が繰り返されている。

そのなかで、「近江高天原説」があることを私は初めて知った。近江高天原説を支持する一人に、琵琶湖研究会(5)の宮部誠一朗氏(6)がいる。宮部氏によると、『古事記』に出てくる「おのころ島」は島町を取り囲む山塊である。その裏付けとなる説を見ていこう。

『古事記』には、イザナギは晩年を「淡海の多賀」で過ごしたとある。国内でもっとも大きな「淡海」、つまり琵琶湖は滋賀県にある。さらに、「多賀」といえば「お多賀さん」と呼ばれて親しまれている彦根市の多賀大社が思い浮かぶ。では、淡海の多賀とは彦根を指すのだろうか。

ところが、彦根という地名は、実は島町のすぐ近くにある活津彦根《いくつひこね》神社から来たのだという。活津彦根神社の西の湖をはさんだ向かい側に「多賀町」という町がある。織田信長(7)の時代に、この神社から彦根という地名が今の彦根の地に勧請されたのだ。そう、現在の「お多賀さん」のルーツはここにある。

加えて、活津彦根神社には、『古事記』に記されている国生みの神話に出てくるイザナミが最初に産んだ「蛭子《ひるこ》」を祀る蛭子神社も鎮座している。つまり、イザナギの最後の地、「淡海の多賀」、そしてイザナミが初めて産んだ蛭子を祀る地、この両方が島町周辺に集積しているのだ。よって、この地がおのころ島である可能性があると宮部氏は言っている。

身近にある寺や神社にまつわることをばらばらに知っているだけでは分からないことだが、それぞれの背景や時代を考えあわせてみるとさまざまな要素が重なり合っていて、こうした伝説が浮き彫りになってくる。

エネルギースポット「龍穴《りゅうけつ》」説

島町は日本の発祥の地。その説を裏付ける話が実はまだほかにもある。

島町に生まれ、島町で育ち、国有林の整備を一〇代後半からずっとつづけてきた雪吹勝さんは、

---

(5) 一九四九年に設立された研究会。琵琶湖を地球のオアシスにしよう、琵琶湖を見直そう、という提唱に共感する有志の集まり。

(6) 一九一一年大津市生まれ。一九八〇年より琵琶湖研究会の理事長となる。琵琶湖の顕彰、発展を担い活躍した人物。著書に『地球のオアシス・琵琶湖論』(共著、琵琶湖研究会、一九七八年)、「五言琵琶湖を中心とする文化創造」(『古代近江王朝の全貌』琵琶湖研究会、一九八〇年所収)がある。

(7) (一五三四~一五八二) 尾張国の戦国大名。戦国時代から安土桃山時代にかけて活躍した。

「手前が勝手に思ってるだけや」と付け加えつつも、島町の地図を指で示しながらていねいに教えてくれた。

「島にはな、玄武があって、白虎があって、朱雀があって、青龍があって。全部あるんや。……ここは龍穴いうて、龍の穴て書くんや。……歴史的にも古いところなんや」


ひょうたんからKO-MAの藤田も、島町の風水を調べているうちにまったく同じことに気がついたという。そう、島町は「龍穴」に当たるというのである。

龍穴とは、風水や陰陽道の世界で使われる言葉で、「繁栄する土地」という意味があり「エネルギースポット」とも呼ばれているようだ。これにもさまざまな説があるのだが、遷都のときや神社を建立する際には龍穴が選ばれた。現在の皇居や伊勢神宮、唐招提寺など、国と要所となるものはそうした地に建てられたという話もある。

さて、エネルギースポットとはどのようなものなのだろうか。まずは四神の存在が条件となる。玄武、白虎、青龍、朱雀の四つの神を象徴する山や川などの地形が見られることが第一であるという。

龍穴には「玄武」という、北側に位置する山脈の中央あたりにとがった山がある。そして「白虎」、玄武の西側に龍穴を包み込むようにそびえる山脈のことだ。そして、白虎と向かい合って

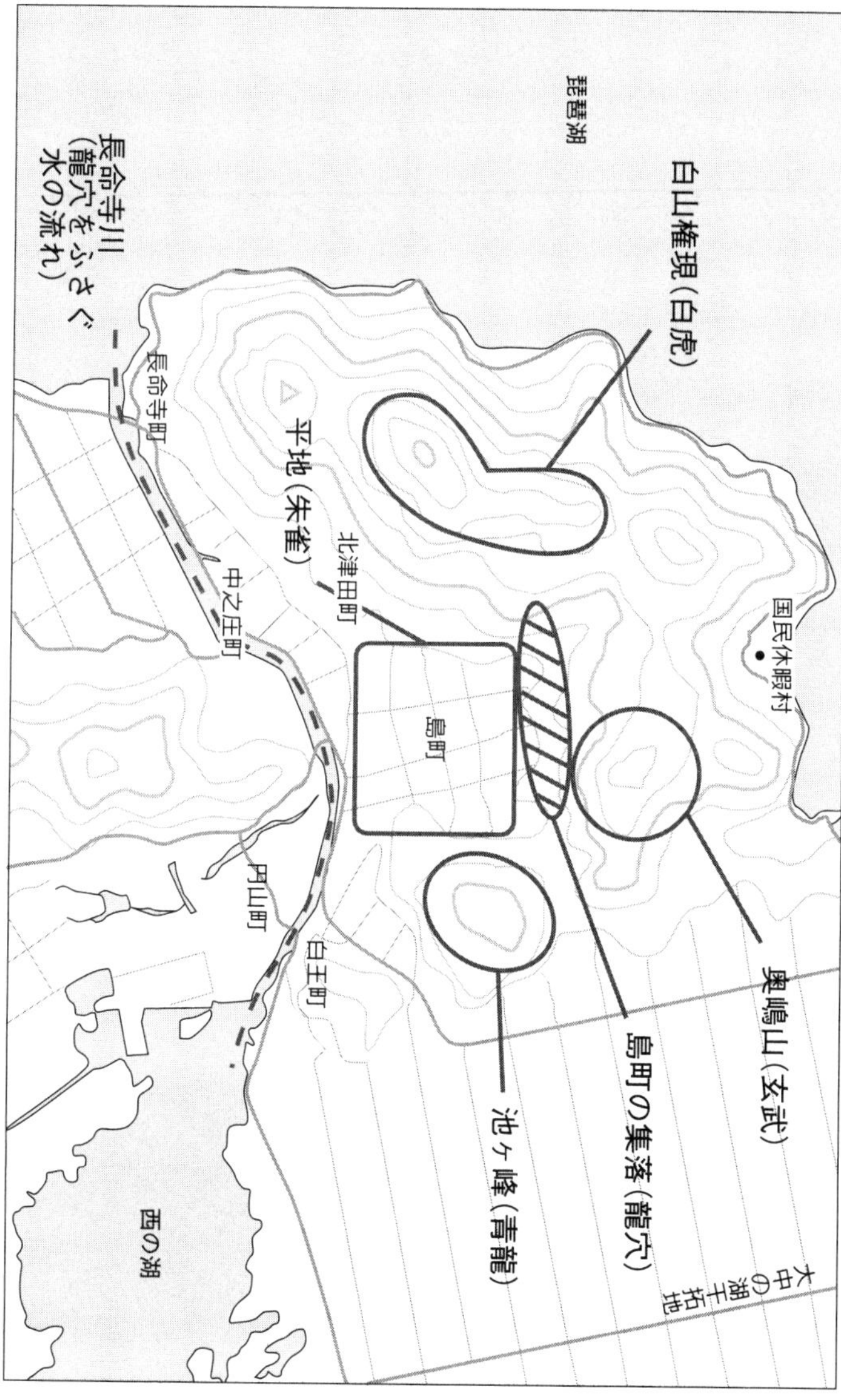

琵琶湖
白山権現（白虎）
長命寺川（龍穴をふさぐ水の流れ）
長命寺町
平地（朱雀）
北津田町
中之庄町
島町
国民休暇村
奥嶋山（玄武）
島町の集落（龍穴）
池ヶ峰（青龍）
円山町
白王町
西の湖
大中の湖干拓地

東側にあり、同じように龍穴を囲む形になっているのが「青龍」である。最後は「朱雀」だ。三つの山並みに囲まれた龍穴の南に広がる平地のことで、三方の山だけではなく川の流れにもふさがれている。さらに、「龍穴の水」も必要となる。龍穴には泉や池などがあり、質のよい美しい水があるという。雪吹さんが指し示してくれた島町の地形は、まさにこれらの条件に一致していた。

まず島町には、住む人々が愛着をもって「権現山」と呼ぶ山がある。これは、川を渡って山に囲まれた島町の集落に入るとほとんど真正面にどっしりと構える奥嶋山のことである。きれいな二等辺三角形のようで、頂上はピンととがっていることから「元富士」の異名ももつ。この山が「玄武」だと言うのだ。

さらに、権現山の天辺《てっぺん》には池鯉鮒《ちりふ》神社がある。

奥嶋山（玄武）

聞いてみると、池鯉鮒神社は「まむしのかみさま」と言うらしい。玄武はもともと中国の神で、亀にヘビが巻き付いた姿で描かれている。龍穴の北側にあって、先端はとがってシャープ、しかも玄武にまつわるヘビとかかわりの深い神様がおいでの山。なるほど、権現山は玄武なのかもしれない。

次に、集落の西側には「白山権現」と呼ばれる山がある。その呼び名の理由は白山神社が祀ってあるからだという。西方の守護神で、細長い白い虎の姿の白虎と、西にそびえる白山権現を重ねてもおかしくない。

ひるがえって、集落の東側。白山権現と向き合ってそびえる山がある。不思議なことに、この山の頂上には水の枯れない池がある。池といっても、沢から水が流れ込んでいるわけではなく、いわゆる大きな水たまりのようなものだ。奇妙なことに、雨が長い間降らなくても池の水は乾くことがないというのだ。この池にちなんでか、この山は「池ヶ峰」とも呼ばれている。東方を守るこの山の池の青い水を見てか、もしくは龍が現れるような池だからか、この山が「青龍」にあたるという。

さて、朱雀といえば、この三方の山に囲まれたちょうど真ん中あたり、一面に広がる田んぼ・畑地だ。条件通り、この地はまっ平。しかも、鈴鹿山脈から琵琶湖に注ぐ長命寺川が島町の南側を流れているので、この平地はちょうど川でふさがれた格好になっている。

これで四神の条件が満たされた。最後に、龍穴の水。実は、ほんがら松明が奉納される若宮神社には池がある。ここの水は山からの湧き水なので濁ることは少なく、透きとおっていて美しい。そして、きれいな水のある所にしか棲息しない絶滅危惧種に指定されている川魚がいることも分かっている。

また、島町の集落は山裾に張りついているので、かつては山水を引いて飲み水にしていたそうだ。今でも、家の外でそのまま山水を使っている家もあるという。そう、山からの恵みによる「質が高く美しい水」、つまり龍穴の水のことだ。

こうして見ていくと、島の集落は怖いくらいエネルギースポットの条件と合致する。島町が龍穴に位置するという話がどんどん信憑性を帯びてきた。実際、町内には山口古墳群[8]という六世紀ごろ

山頂の池（青龍）（写真提供：ひょうたんから KO-MA）

の古墳があり、今でも権現山の中腹にはいくつかの石室を確認することができる。大人が数人は入れるぐらい大きなものもある。一七〇〇年以上も昔から、人がここに住んでいるという証拠だ。

「やっぱり住めば都って、どこも行きとうないわ。……ここを出ていかはる人、なんで、ほかのどういうところがいいのか不思議で。こんな暮らしいい所はないと思う。景色もいいし、空気もいいし、何でも採れるし……塩がないだけや。塩さえあれば、どんな生活でもできるんです。米もとれるし、山へ行けば山のものが採れるしねぇ。魚釣りたかったら、川に行って魚つかんできたら魚あるんやし」(雪吹良治)

一七〇〇年もの時が経っても、この島を愛してやまない子孫がこうして今も暮らしている。いくつもの時代を超えてずっとこの地に人が住んできた理由がここにある。それは、決して感情的なふるさとへの郷愁だけではなく、水辺や畑地や山があって食べ物に困らないことや、山が自然災害から集落を守ってくれるなど、そこに住みつづけるために欠かせない条件が満たされているということでもある。

それらの条件は、もちろんその地域の地形や気候など所与のものだったかもしれない。しかし、

(8) 島町にある六世紀頃の古墳で、近江八幡市内で最大の古墳群の一つ。横穴式石室の円墳が五基以上あり、鉄剣、須恵器、金環などが発掘されている。

より豊かに幸せに暮らそうと、もともとは荒れていた土地を開墾したり、水を引いてきたり、実のなる木を植えたりと、先人らが工夫して生きる基盤をつくりあげてきたのだろう。山裾にまで食い込むように整えられた棚田や石積みの水路など、島町の集落のそこかしこにそんな「跡」を見つけることができる。

旧島村のこと

島町に伝わる歴史や伝説はまだまだたくさんあるようだ。しかし、これらの話は本当の話だろうか、と考えこんでしまうのも事実だ。ほかにも有力な高天原説もあるし、龍穴説だって、正直なところ確かな裏付けがあるわけではない。

しかし、伝承の真偽はあまり大きな問題ではない。そんなことより、一見どこにでもありそうな島町という農村集落にこんな歴史深い好奇心をそそられる話が伝わっていて、それらを知っている人たちがいるということに意味がある。

このあたりで、島町の全体像をご紹介していこう。

島町は、正式には滋賀県近江八幡市島町である。一八八九年（明治二二年）に近世以来の七つの集落が合併して、滋賀県蒲生郡《がもう》島村（旧島村）が誕生した。旧島村の集落の一つが現在の「島町」であり、そのなかでももっとも奥まった所にあるからか、当時は島町のことを「奥島」とも呼んでいた。まず初めに、奥島のあった旧島村について見てみよう。

島村は、奥島のほかに、円山《まるやま》、白王《しらおう》、北津田《きたつだ》、中之庄《なかのしょう》、長命寺《ちょうめいじ》、沖島《おきしま》で構成されていた。よく耳にするところで言うと、長命寺町には西国三十三ヶ所の第三十一番札所である長命寺(9)があり、由緒正しい格式高いお寺として今でもたくさんの人がお参りに訪れている。

また沖島は、人が生活を営んでいる全国唯一の淡水湖の島であると同時に、琵琶湖内にある島のなかでもっとも大きい。ここでは、ほとんどの島民が漁業に携わっている。島内には車がなく、人一人が通れるくらいの道が家々の間を縫って通るという独特な風景が見られる。時間がゆっくりと、穏やかに流れるのんびりとした小島だ。

そして、白王と円山には、二〇〇六年（平成一八年）、国の重要文化的景観に全国で初めて選定された「近江八幡の水郷」がある。内湖《ないこ》として残っている西の湖やその葦《よし》の群生地帯は、季節ごとにそれぞれの美しさを見せてくれる。

このように、島村には特有の風情ある地域が集まっていた。しかし、今訪れてもなぜ「島村」

---

(9) 三世紀後半から四世紀初頭の第一二代景行天皇の時代、武内宿禰《すくね》がこの山で長寿を祈ったといい、その後、聖徳太子が創建したと伝えられるが未詳。琵琶湖畔にそびえる長命寺山の山腹に位置している。

という名前だったのかはすぐには分からない。たしかに、琵琶湖に隣接しているが、湖とは山を隔てているし、南側だって真っ平な田んぼや畑に覆われている土地である。
「ここらは、ほら、まぁ島ではあったやろう。そら。わしらはもうそんな時分は知らんけど。大昔はそうやったやろう。あの、渡合の川があるやろう。……あれを境に、こっちが島になってたんやろうと思うにゃわ」（三崎泰次）
「ここ島、完全に島。今でもそうや。島になっとんねん。濠でずっと。あの大中《だいなか》干拓したけんども、ぐるりは濠ができとるさかいに」（雪吹良治）

琵琶湖の沿岸部には、「内湖《ないこ》」と呼ばれる大小さまざまな湖が四〇も点在していた。内湖とは、川や水路などで琵琶湖とつながってはいるものの、内陸に単独で存在する湖のことである。その一つが大中の湖で、島町の東側にあった。大中の湖は内湖のなかでももっとも広い面積を誇っており、周辺の集落は漁師町となっていたそうだ。しかし、今は干拓され、田園地帯になっている。干拓がはじまる前のことを記憶している三崎さんは、今と風景が一変してしまったと少し残念そうな面持ちで話してくれた。

「今、大中あるやろう。あこ、みな、湖やったんやで。わしもよう知ってる。あこ、よく魚つかみに行ってたんやて。……わし、よく船がようけ動いてたの覚えてるわ。今、もうみんな田んぼばっかりやけんど」

内湖は琵琶湖の周りに多く点在していたが、戦後の食糧危機を受けて干拓が進み、ほぼすべてが水田となった。一九四六年から一九六七年まで二一年もの期間をかけて、合わせて二五〇〇ヘクタールもの広大な内湖が干拓されたという。湖がすべて田んぼになるわけだから、風景やそこの暮らしはずいぶん変わったことだろう。

大中の干拓地は、まっ平できれいに区画され、自然にできたものではないことが一目で分かる。こうした工事は、何も琵琶湖周辺だけではなく全国各地で行われた。今でこそ「米余り」と言われて減反政策が推進されているが、当時は大掛かりな工事をやって湖や干潟を干拓してでも米が必要だったのだ。

かつて島村は、真東には大中の湖が、その湖の南側には西の湖、さらに西の湖の西隣には小さな陸地を挟んで津田内湖が、そして北側と西側には琵琶湖と、すべてが湖と隣接していたのだ。そのうえ、西の湖と津田内湖の間にある陸地とも長命寺川によって隔てられ、まさに独立しているような小島のような地形だったのだという。かつ、島村に隣接する内湖が干拓されてからも、良治さんの言う「濠」、つまり大中の湖干拓地と旧島村の境目には水路が通っているため、今でも旧島村は「島」の様子をとどめているのだ。

近江八幡市島町

さて、旧島村は一九五一年（昭和二六年）に蒲生郡八幡町と合併し、三年後の一九五四年には近江八幡市となった。今は、旧島村の各集落はそれぞれ呼称のうしろに「町」がつけられ、行政区としては近江八幡市の一部である。こうして、島村の奥島は近江八幡市島町に変わった。ここでは、島町の概要に触れてみよう。

エネルギースポットの話にもあったように、島町は東、西、北は山で囲まれ、南側は四〇ヘクタールもの耕作地が広がっている。三方が山とはいえ、島町は林業が盛んな所ではない。山は高くてもせいぜい三〇〇メートル程度。広葉樹と、植林された針葉樹の混交林だ。山裾は部分的に竹藪になっている。

ほんの少しの面積を除くと、ほぼすべてが国有林で国の管理下にある。戦中、戦後は燃料の確保や建設ラッシュも手伝って木材の伐採や搬出はしばしば行われていたそうだが、今では定期的な山林整備が施されているくらいで、大規模な施業はほとんどなくなったという。

農地はといえば、大部分は稲作に使われている。今でこそ水稲に最適な田地になっているが、農地整備の前までは「汁田《しるた》」と呼ばれるほどの湿地帯で、水分の多い土地柄だったそうだ。

そういえば、雨が降ったあとでもないのに、土が湿気ていたり畝《うね》の間に水がたまっていることがあった。初めてその状態に気がついたとき、不思議に思ったことを覚えている。水はけのよい砂地が多い私の地元である岐阜では、そういったことはあまりない。

このような農地で、米づくりの専業農家は今は一軒しかない。そして、兼業農家が一五、一六戸ある。そのほかにも、自給的に米や野菜をつくっている所も多い。土地改良がされず一枚の田んぼがとても狭い山際の棚田を除くと休耕田はほぼゼロの状態なので、地域の農地の管理は行き届いている。昔も今も、田畑は大切にされているのだ。

戸数は、現在およそ六〇戸。これらの家のなかには、昔ながらの大きくてどっしりとした民家もまだまだ残っている。しかし、屋根に煙出しがついているのはもう数えるほどになってしまったし、一五年ほど前までは葦葺《よしぶき》屋根の旧家もあったそうだが今はない。瓦屋根の日本家屋がほとんどだが、モダンな新しい住宅もちらほらある。これらの家々は、軽自動車が一台やっと通れるほどのクネクネした道を挟んで山裾に沿うように立ち並んでいる。

島町の人口を見てみよう。近江八幡市の二〇〇八年三月の調査によると、全部で二五八人。一番多い年齢層は五〇代で、全体の二〇パーセント弱、五〇人いる。働き盛りの現役層が厚く安心感がある。その次に多いのが七〇代で三六人。高齢者が多いとはいえ、六五歳以上は二六パーセントにとどまっている。しかし、子どもの数は年々減っている。学校はというと、地域内に島小学校があり、島町からは一四人が通っている。中学生は現在六人、未就学児の数は七人だが、二〇〇九年四月に保育園に入園した島町の子どもはゼロだった。

そうとはいえ、島町は都市圏に近いことから過疎問題が深刻という感じではなく、若い力がまだまだ健在という雰囲気がある。

島町から最寄り駅のＪＲ近江八幡駅までは車で一五分程度。近江八幡駅から滋賀県の県庁所在地の大津までは電車でおよそ二五分だし、そこからさらに一〇分も行くと京都に着く。そして、その先は三〇分で大阪だ。つまり、大都市からの通勤圏内にあるのだ。

細い小道が町をめぐる

島町のなかには農業以外にとりたてて産業と呼べるものはなく、地域のなかで働くことは難しいが、車さえあれば地域外へ通勤することもそれほど不便ではない。それがゆえに、一家に一台ではなく一人に一台車を所有するのが当たり前となっている。いわゆる農村集落というと市街地からずっと離れていて交通の便の悪い所と想像するが、ここは買い物や通勤に時間がかかって大変ということもなく、島町に住みながらも「現代的」な暮らしが十分できるのだ。

私はこれまで、ある地域を訪問するときに人口とか戸数とか、家並みの様子や山林、田畑などにはまるで興味がなかった。だからだろう、とくに農山村を訪れると、どこも同じように自然が豊かな田舎だという感想しか抱けなくてそれ以上を知ろうとすることもなかったし、再び訪れることもなかった。

しかし、ここ数年は、こうした地域により深く関心をもつようになった。この集落にはどのくらい人が住んでいて、土地や田んぼ・畑などをどのように利用してここの人たちの食糧が賄われてきたのか、古い家にはどのような特徴があってその暮らしぶりは豊かなのか、それとも貧しいのか。はたまた、年間を通して気候はどのようなもので、それによる地域の建物や習慣などの特徴はどのようなものかなど、その土地にしかない「何か」を発見することに喜びを感じるようになった。

そのたびに、地域内にある自然をできるだけていねいに活用して長く暮らしてきた人々へ尊敬の念を抱くようにもなったし、時代の変遷のなかで工夫を凝らしてつづいてきた人の営みを愛おしく思うようにもなった。歩く道々で、こうした感動を覚えることはいまや私の密かな楽しみとなっている。

島町の自治組織

さて、島町では地域の意見のとりまとめや調整、つまり地域自治はどのような形で行われているのだろうか。どの地域にも自治会があるように、島町にも町の運営について住民の代表が集まって話をする島町自治会がある。国や県、市や町村も大事な行政組織だが、日々の生活と密接に関係してくるのはその地域の自治組織である。この組織がどのような体制でどのような機能を果たしているのかということは、見逃せない重要なことである。現在では、形式だけが残っていて実質的にはあまり活動をしていない自治会も多いようだ。では、島町ではどのような組織になっているのだろうか。

島町では、一家を代表して一人が自治会組織に参加している。たいがい、四五歳から六五歳の家長にあたる男性がその役を担っている。島町には六〇戸あるから、約六〇世帯が所属しているということになるわけだが、六〇人が直接島町自治会に出ていくのではなく、町内を六つの小さな地域（組）に分け、組ごとにとりまとめをするという形式になっている。六つの組とは、「奥」、「東」と「西」、「中」、「宮」、「南」だ。それぞれの組長が自治会組織に出向くことになっている。

自治会組織の役員は全部で八名いる。自治会長は一年ごとに交代している。自治会長は六〇歳前後の人から選挙によって選ばれ、補佐的な役割を担う自治会副会長はその五歳前後年下の人から選ばれている。誰もが自治会長になれるというわけではない。一度も自治会長を経験しない人もいれば、二、三回務めたことのある人もいる。自治会長は議長として評議員会を招集し、自治会副会長はそれをサポートする。

組長もまた一年交代である。六人の組長は月に一度組長会を開き、評議員会の議題を話し合う。それに加え、六つの組から一人ずつ評議員が推薦されている。評議員の任期は二年間だが、組のなかでもとくに信頼が厚くて地域のことに詳しい人がなっている。この自治会の意思決定は、自治会長、自治会副会長、組長六人、評議員六人の合計一四人が参加す

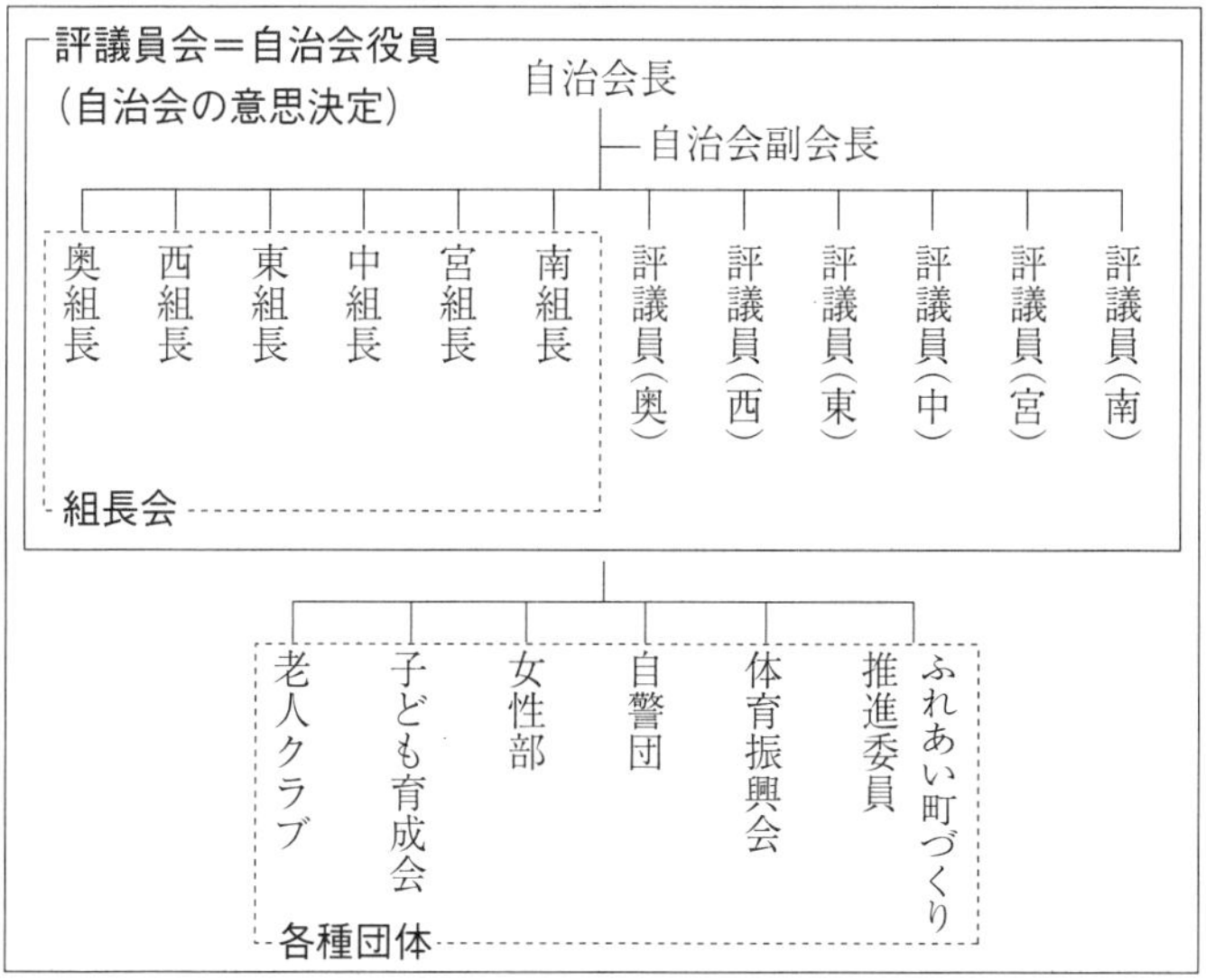

る評議員会でまとめられる。ちなみに、組内での住民のつながりは町内全体のそれよりもずっと強い。なぜなら、組ごとで行われる寄り合いでしばしば顔を合わせるし、少なくとも年に一度は集まって松明をつくるため組内の結びつきが強くなっていくのだ。その組が積み重なって自治会は成り立っている。

島町には、このほかにも「老人クラブ」、「子ども育成会」、「女性部」、「自警団」、「体育振興会」、「ふれあい町づくり推進委員」の六つの団体があり、自治会予算から少しずつ補助金をもらって活動を進めている。この自治会の組織の形は時代によって変化しているので、必ずしも固定されたものではないという。

「老人会ちゅうもんはなかったもん」(福井美枝子)

「青年団ていうのと、処女会っていうのがあったわ。女のほう」(福井芳郎)

かつて「ほんがら松明」をつくっていたのは、今はなき青年団という組織である。青年団には、中学校を卒業してから二五歳になるまでの一〇年間所属できる。戦前は高等教育を受ける人が少なかったので、ほとんどの人がすぐに青年団に入団した。一部は高校や大学に進むが、その場合は島町から出て下宿することがほとんどなので、そのような人は入団しなかった。

話を聞いていると、どうやら青年団は地域のなかで若者が担う役割を教え込まれる場であったようだ。そして、若者同士の年齢や立場を超えたつながりが生まれていた。

「怖かったで。青年団って。……やぁ、やっぱり規律正しかったもん。うん。ほんなん、私らね、大体兵隊に行くまではタバコ吸うたらあかんわ。夜、ちょっと吸うてたんや。それを上の方に見られてねー。えらい叱られた。うん、怖かったですわ、もう」（福井芳郎）

「（入団するとまずはじめに）『小若衆《こわかいし》』（という役）や。一番最初入ったら。若い人で、『小若衆』って言ってな。もうお茶当番やらもうほれ、会議所で一杯飲むまで用意したり、『小若衆』やで、酒の燗やらもうなんやかんやしてきたわけよ。ほで、あの、まぁ支部長というのが一番上やわな、青年団のな。支部、支部があるから。ほの……支部長の言うこと聞いてやな。うん。丁稚役や。言うたらな……まぁ、反面、ほや、怖い反面嬉しいところもあったなぁ。なんや。『青年団行くんや、今日は祭りに行くんや』とか言うてなぁ。で、喜んで行ったわ」（三崎泰次）

この、青年団に入団してほんがら松明をつくっていたかつての若者らが、今ちょうど老人会の仲間としてゲートボールやカラオケなどをいっしょに楽しんでいる。青年団でともに歩んできた思い出や、松明づくりの記憶を共有している老人たち。ふるさとの五〇年、六〇年来の幼馴染みと今でも時間をともに過ごしているというのは、彼らにとっては当たり前のことなのだろう。

ほんがら松明復活の機運は、老人クラブの仲間のかねてからのつながりがあったからこそ生まれてきたものだと言える。私はそれを特別なことととらえたが、実は彼らのなかでは自然の成り行きだったのかもしれない。

消えたほんがら松明

さて、本書の主題である「ほんがら松明」を老人クラブのメンバーが「復活」させたわけだが、ひるがえって考えると、ほんがら松明はかつて何らかの理由で一度姿を消しているということだ。

「最後はもう一本くらいしかつくらへんかったたん違うか、青年団では……多いときには、三本、四本のときがあったけども、それがだんだんとやっぱり減ってきて、最後は一本ぐらいやわ。一本がやっとぐらいやわ」（三崎泰次）

現在、島町にある六つの組のなかで五つがそれぞれ一本ずつ「どんがら松明」を奉納することになっている。残りの一つは太鼓の準備を担当している。これらは、今は自治会がとりまとめている。しかし、こうなる前までは青年団のメンバーが数人で一グループつくって、グループごとに一本ずつほんがら松明をつくっていたのだ（「ほんがら松明」と「どんがら松明」の違いについては、第5章で詳述）。

今六五歳くらいの人たちが、青年団に入って少し経つとほんがら松明はもうつくられなくなっていたという。青年団には一五歳から入るので、だいたい五〇年あまり前の話である。

「（どんがら松明は）手間がいらんわな、その日だけででけるで。まー、輪ぁつくりすることもいらんしね」（雪吹良治）

「この辺は……勤め人もいやはったけども、山の仕事が、これ農閑期の仕事をやってんや。ほと、外の仕事やから、雨降りや雪降りやのでこれ、仕事ができひん。それで、うちにいんならん。うちにいんならんのやったら、その、手間暇ちょっと、まぁ、遊んどるわな。ほんで、こういうもんの段取りをしようかちゅうて、天気の悪い、天気の悪い日にやって、最後はあの、祭りの前に仕上げるけど、それまでにこれから、冬の間の晴れたる間に、この、中の芯ちゅうてね、あら組みは、天気の晴れたる間に、なぁ、余暇でしたもんや」（松村昭二）

自分の家の田畑を耕して米や野菜をつくり、農閑期は季節仕事である林業にも携わる。このように年間を通じて地域のなかで仕事をして暮らしていたときは、雨や雪が降って外で仕事ができない日に青年団のみんなが集まって材料の準備など段取りをしていたという。しかし今では、ほとんどの人が地域から出て働くようになって、天候に関係なく休みはほとんど土日祝日に固定されている。休日は、家族サービスをしたり趣味に没頭したりと忙しい。貴重な休みの日を毎週削ってまで松明をつくるということはできなくなっていった。

材料の調達は収穫時期に合わせなければならないので、ちょこちょこと時間をとってやっていく。その手間は、どんがらもほんがらも同じだ。しかし問題は、ほんがら松明の骨組みとなる芯づくりだ。

どんがら松明は丸一日でできる。朝から夕方まで男性数人でかかれば、芯組みから神社に立てるところまでできてしまう。ほんがら松明と違ってなかの芯づくりに時間がかからないからだ。一方、ほんがら松明は芯を組み立てるのに、慣れていても余分に半日はかかる。ただでさえ松明づくりのメンバーを休日に一度に集めるのが困難なのに、余計に時間を空けてもらうのは大変なことなのだ。

ほんがら松明の芯

こうした理由から、五、六本つくっていたほんがら松明が三、四本に減り、そして最後は一本になり、いつしかすべてがどんがら松明になったのだ。それは、青年団に入る人が減って組織が弱体化した結果でもあった。地元の中学校を卒業して一五歳から入団するのが慣例だったが、地域外の高校に進学する人が増え、大学に入る人も出てきて、そもそも地元にとどまる若者が少なくなってきたのである。

「経済が上向いて、その、終戦後やな、上向いていくときにやな、みな、勤めに出るから。その、(ほんがら松明を)つくる余裕がなかったわけや。それで、余裕がないさけに、どうしても現在つくってる、ああいう簡単なやつをつくって、形はいっしょやけんども、簡単なやつをつくっていく、そのほうに人間は走ってしまったわけや」(松村昭二)

青年団という組織は今から二〇年ほど前までは存在したが、入団する若者の数も減って行って松明づくりをつづけるのは厳しいと判断された。だから、松明づくりは自治会が中心となって行っていくという町全体の役割となったのだ。こうして、ほんがら松明はどんがら松明に変わっていった。地域のなかで仕事も生業もあった者が地域外に勤めに出るようになり、村の若手が松明づくりに携わることは難しくなった。そんなときでも、宵宮祭をいかにつづけていくかということを前提として話し合いが行われた。その結果、自治会が松明づくりを担うことになった。そして、負担が大きすぎないようにすべてを「どんがら松明」にしたのだ。

時代ごとにさまざまなことが変化する。それは、今にはじまったことではない。だから、何を残していくべきなのか、その代わりに変えざるを得ないことは何なのかという判断はきわめて重要だ。伝えていきたいものの真髄が何か分からなければ、ふさわしい判断を下すことはできないのだから。さらに、祭りの起源や地域の歴史など積み重ねられてきたものを鑑みるのはもちろんのこと、この土地の未来を描いてこそ、そのときどきにどうしていくべきかが考えられるのではないだろうか。

第3章

ほんがら松明復活のきっかけ

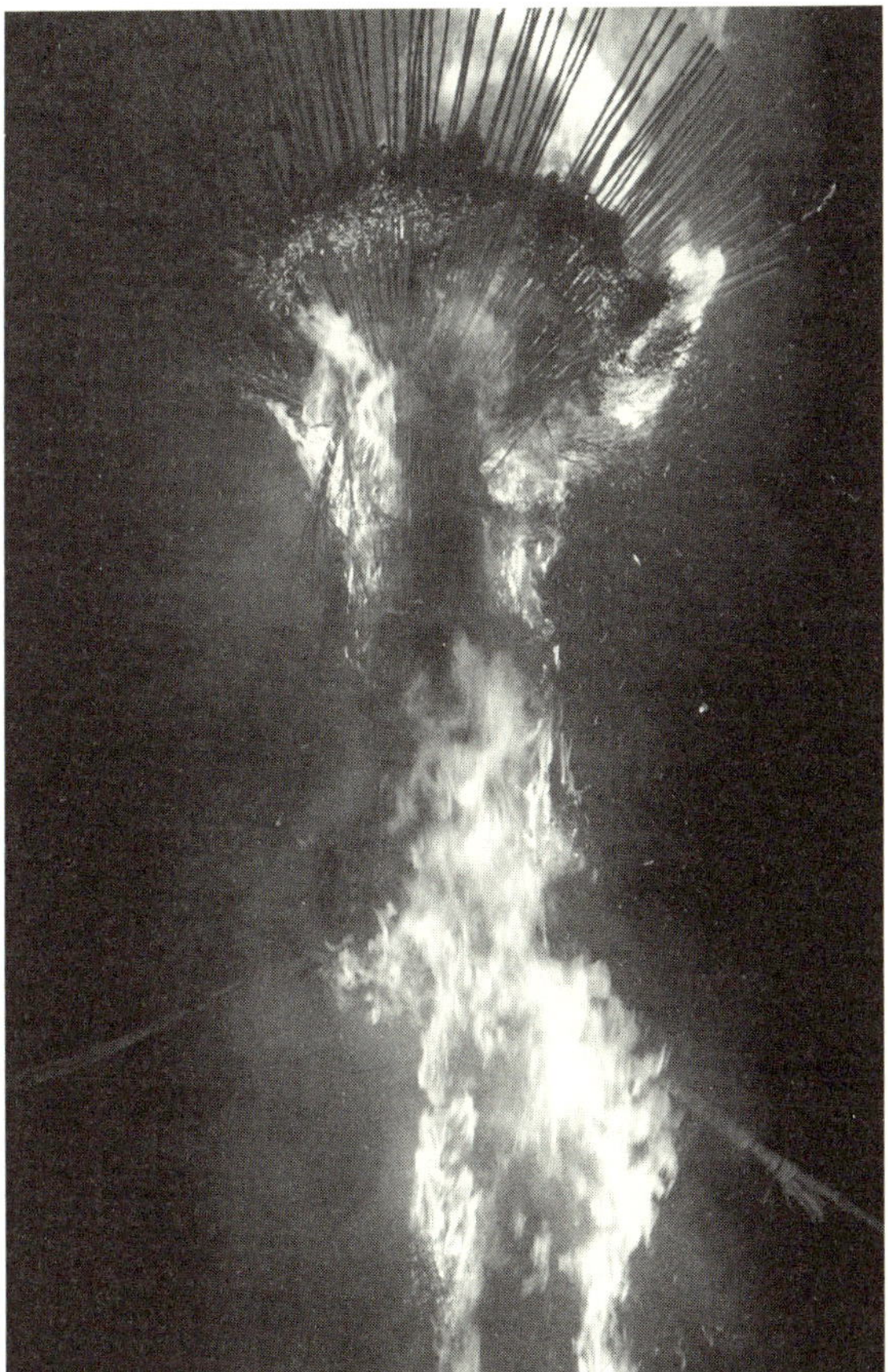

炎に包まれて燃え盛る松明

「このー、きっかけは、別にこれっちゅうもんではなかったけど。老人会で、もう時代が変わってだんだん知ってるもんがない、いないようになるから、こういうことを、昔はやってたんやと言ってくほうが、伝統的なことやから、喋ってくほうがええんちゃうかと、また、できたらちょっと見本みたいなもんをできる間にしてみたらどうやろかということをただ単純で、そんだけの気持ちで、三人が喋ってみたのがもとやねん」（松村昭二）

「……まぁ、私で四月から老人会の役をさしてもらうで、ほのときいっぺん喋ってみるわ、ほうおもて……ほんであれ、四月の役員会議で、東組の組長としてさしてもろて、何か事業これだけでいいのか、また新たに何かあるかっちゅう話が出て、あぁこれやったら、ある人からいっぺんこういう松明のことを、いっぺん今のうちに、まぁ年寄りがいる間に、いっぺんやってみたらどうやと、いう話をさしてもらいましたんや、老人会のなかで。ほしたらみな、『ほらやろやろ』と、ぱーっといっぺんに話が決まって、ほれからまぁ、現在にこうぼちぼち至ったーるちゅうことやけども」（福井栄吉）

老人クラブのメンバーである三人の小さな思いつきから、ほんがら松明の復活への試みがはじまった。その一人である大正生まれの堂川清澄さんは、ほんがら松明の復活が適うはずの前年の夏に亡くなった。そして、あと二人は、昭和一桁生まれの松村昭二さんと福井栄吉さんだ。三人とも、生粋の島町生まれの島育ち。もちろん、かつて青年団でほんがら松明を毎年つくっていた人たちだ。

五〇年も前に途絶えてしまったほんがら松明を、七〇代、八〇代の老人クラブでもう一度つくってみようという大きな挑戦だから、きっと強い意気込みや復活にかける熱い思いがあるにちがいないと思い込んで、私は食い入るように話を聞いた。ところが、実はそれほど特別なきっかけがあったわけではないようだ。ごく自然に、話題に上ったのである。

二〇〇五年（平成一七年）一二月、自治会の奉仕活動で若宮神社の掃除をすることがあった。そのあと、老人会で打ち上げを兼ねて開かれた飲み会の席上で、お酒片手にこの話が盛り上がったのである。

「そうそう、そうやって酒の席でやね、いろいろのことを喋ってて、ふっとそうゆう話がこう三人のなかで、誰がゆうやなしにぽっと出てきたわけ。うん……。いやー、今の若い人は、戦後、松明のつくり方が変わってしもたから。で、昔の島町の伝統的な松明のつくり方ちゅうもんは今の人はぜんぜん知らんてはるから。それで、昔はこれが島の独特の伝統的な松明やとゆうことをいっぺん言うておいたら、またいつかの機会に自分らが試行錯誤してでもつくららへんやろかっていう、まぁ、欲心ちゅうか、その心があってこういう話が出てきたわけですにゃ」（松村昭二）

「ほのー、四月の寄り合いのときに話を出したらみんなが、私ら三人だけやなしに、あとの人が

な『ほらええこっちゃなー』言うてポンと賛成してくれはった。あれには、わしもびっくりしたわ」（福井栄吉）

話はとんとんと進み、老人クラブで松明を一つつくって奉納するということになっていった。五〇年以上前に途絶えたほんがら松明を。

島町の郷土教育

昭和初期、島村の子どもたちが通う島小学校は郷土教育で全国に名をとどろかせた。ちょうど、ほんがら松明復活を発案した老人クラブの世代がこの郷土教育を受けていたという。そう聞くと、もしかしたら、小学校での教育の成果が郷土の伝統を復活させるという形になって出ているのかもしれないと想像した。その真偽はいかにせよ、ここにはほかの地域にはない特別な教育があったことは確かである。島村の郷土教育……それはどのようなもので、どういった背景で行われたのだろうか。

島村には、滋賀県内でもっとも早く発行され、日本全国の教育関係者の注目を浴びた『島村郷土読本』が残っている。一九二八年（昭和三年）から三年間かけて編纂され、一九三〇年（昭和五年）に完成した。もう今から七〇年以上も前のものである。お借りして手に取ると、日に焼けて黄色がかった和紙がぼろぼろと破れてしまいそうだった。表紙には、ちょうど琵琶湖を島村から望む景勝が描かれている。発行された郷土読本は各家に一冊ずつ配られたという。大きめの文字で読みやすく、中身はぎっしりと詰まっていて内容は充実していそうだ。

『島村郷土読本』の表紙

どのような内容かというと、島小学校の校歌からはじまり、村に伝わる伝説、歴史的歌人が詠んだ島村にちなむ和歌や村の情景を伝える物語文章、寺社についてなど、幅広く多岐にわたっている。言葉は平易で読みやすく、仮想の登場人物もいて、小説仕立てで書かれた部分もある。こうした郷土本の発行をはじめとする郷土教育の実践は島小学校だけで進められたものではなく、全国的に推進されていた。

このころ、文部省や一九三〇年に創立された郷土教育連盟[1]を中心に、郷土の社会事象や自然現

（1）尾高豊作（一八九四〜一九四四）、小田内通敏（一八七五〜一九五四）らを中心として一九三〇年に発足。学校教育と郷土の地域社会とが乖離している状況を改善するために設立された。

象を丹念に見学・観察し、子どもに自分たちの言葉でまとめさせていく教育が進められていた。国が決める一律の教科書による授業だけではなく、地域の要望にあった教育方法が実践されていたのだ。具体的には、地域の歴史や伝承を古老からの聞きとり調査や古文書から丹念に拾い上げることや、地域の地理や人口、地勢や気候などを数値的に調べて形にするところからはじめられた。

島の郷土教育を語るとき、当時、島小学校の校長であった神田次郎(2)の存在を忘れてはならない。彼は、のちに優良教員として県知事より表彰を受けるほど島村での教育貢献が認められた人物である。

神田校長は、一九二六年(大正一五年)に島小学校に赴任した。赴任してからしばらくすると、村の貧しい財政にもかかわらず五万円(3)もの大金が投じられ校舎の建て替えが行われた。新しくなった立派な校舎を見て神田校長は、「土に即し、村に即した教育」を実践していくことで、地域の人々に対して感謝の気持ちを伝えていこうと決意した。ほかの教員もこれに同意し、学校を挙げての郷土調査がはじまったのである。こうしてつくられたのが『島村郷土読本』である。

ちなみに、当時、島小学校は一学年一学級のとても小さな学校で、教員は全部で一一名しかいなかった。それにもかかわらず、毎年二、三冊は郷土教育の実践記録を収めた書籍を発行し、一九三〇年(昭和五年)から一九四二年(昭和一七年)までになんと四〇冊もまとめあげたのだ。

神田校長の郷土教育への強い意気込みだけではなく、教員のなかにどうやらキーパーソンがいたようだ。その人物とは、栗下喜久治郎(4)である。栗下は、滋賀県師範学校を卒業してすぐに島小学校に赴任をした新卒の教師だった。

「あぁ、栗下さん覚えてる。怖い先生やったんや。はははっ……ちょっとしたことでも、注意をされたとかでなぁ。そういうことでなぁ。怖い先生やったなぁって」(三崎泰次)

栗下喜久治郎先生
(『日本新教育百年史』1969年より)

栗下は、神田校長のリードのもと、子どもに郷土の姿をありのまま把握させ、郷土にあるものを素材として生き生きとした学習を実践することに尽力した。それと同時に、授業以外の空いた

(2) 一九二六年から一九三五年まで島小学校に赴任。島小学校で郷土教育を進めた中心人物。
(3) 当時の一円が今の貨幣価値ではどれくらいか分からないが、数億円には相当するだろう。
(4) 一九二八年から一九四三年の一五年間、島小学校に赴任。滋賀県師範学校卒業後の新任の教師であった。島小学校での郷土教育の実践にあたった。

時間は机にかじりつき、学校での実践を四〇冊もの出版物に著していったのだ。『島村郷土読本』の編集人としても、その名前が記されている。

さて、郷土教育という視点から地域の科学的な調査とその取りまとめをし、それらを活用した学習が行われていたわけだが、神田校長をはじめとする教員の間で、これだけでは実質的には地域のためになっていないという話がもちあがるようになった。それがきっかけとなって、地域のため、すなわち村人の暮らし向きがよくなるためにできることを考えはじめたのである。

島村は米や麦の単作がほとんどで、収入がその年の天候にすぐに左右されてしまう。もっと安定した収入を得、村全体が豊かになるためには家畜を育てたり、現金につながる商品作物を取り入れることが必要なのではないか、島小学校は地域の学校として村の産業振興に携わっていこうという方向で話がまとまった。そして、『島村郷土読本』が完成した三、四年後から「学校は村の農事試験場であり、研究所であり、また博物館」でもなければならないという信念のもとに島小学校で「労作教育」がはじまったのだ。

「ヒツジはおるわ、ブタはおるわ、ヤギはおるわ、ほんなもん、ウサギはおるわ。あらゆる動物がおったがな。動物園みたいやったもん、いやほんま。ウシはおらんかったけどな。あぁ、ニワトリもおったしなぁ。……当番決めてな、今日はウサギの当番や……（農作物を）収穫してな、八幡へ売りに行ったことあるわ。町んなかへ車引っ張って。うん、これ籠に入れてねー。みな、なんちゅーねん、あの籠は『販売籠』言うてな、キャベツ入れたり大根入れたり白菜入れたりして、みな売りに行きましたで。うん。向こうでね『買うてくれー』言うて、ようけ買うてくれはりました」（福井芳郎）

こうして、地域振興をめざした郷土教育のカリキュラムを独自に生み出していった。

「小学校には郷土資料室という一つの部屋があった。そこには島で採れる産物、生産手段に使う農業の器具、漁業の器具、米、麦、菜種の標本をガラス瓶に入れたもの。魚のモロコ、フナを瓶に入れたもの。葦のすだれと衝立《ついたて》とか、そういう葦製品も並べていた。竹の生産物、さらした竹、すす竹、もん竹というゴマが入っているような竹がある。そういう標本があったんや」（田谷猛司）

このように、学習のために郷土にまつわるものが教室に展示されていたことを田谷さんは懐かしそうに話してくれた。この島小学校特有の実践学習は、初めは教員の地域への思いから生まれたものだ。それが、時代の流れに相まって加速していくことになる。

一九三〇年に日本を襲った昭和恐慌。その影響が島村にも現れはじめたのだ。米をはじめとする農産物の値段が暴落し、農家が抱える負債はどんどん大きくなっていった。島村に多い米農家は、生活が見る見るうちに苦しくなっていったのである。

こうした状況を受けて、一九三二年（昭和七年）、農山漁村経済更生計画(5)が政府によって打ち出された。そして、滋賀県でも貧困に陥って疲弊した村を甦らせるための農村更生運動がスタートした。こうしたなか、島村は更生指定村になり、復興が進められることになった。学校は、神田校長を中心に「理想郷島村の建設」を目標に掲げて「島村教育の実際化」を進めていくことになったのだ。

これは、島小学校ですでに取り組んでいる「労作教育」そのものであった。世界を襲った恐慌に地域を上げて取り組んでいるという先行事例として、国内外から見学者が後を絶たなかったという。遠くは台湾や朝鮮などからも視察団や留学生が訪れたほどであった。

映画『村の學校』

一九三九年（昭和一四年）、島小学校の郷土教育を記録する映画までつくられている。その当時、映画を観るだけでも珍しかった時代である。それが映画を撮られる側になるとは、これまた大変な出来事だったのではないだろうか。

「できましたよ、『村の學校』。そうそう、わたしらも映画に出てましたでぇ。うん、どこに出てたんやら分からんけど、映画撮ってはりましたもん。ふむ。屋形みたいなん組んでねー、ほんでカメラ持って上がって。上からバァッとな」（福井芳郎）

「まぁ一年間ずーっと記録された映画、できて、非常に、あのー、できあがってから講堂で市民の人に全部見せていただいて、それはいまだに覚えておりますけど。えぇ、非常にいい映画やったです」（雪吹良治）

昭和初期の島小学校の様子が分かる映画があったなんて！　私は早く観てみたいと期待を膨らませた。ところが……。

「当時のフィルムを探そうと思って、私なりに躍起になって探したんですけど、空襲でこの横浜シネマが戦災で焼けたからないって言うんですわ」（田谷猛司）

当時、小学校四年生だった田谷さんは、焼けずにかろうじて残っていたモノクロのスチール写真のコピーを取り出しながら残念そうにこう告げた。

写真には、羊の毛を刈り取っている少年の姿や「職員農業実習地」という看板の立つ畑地で教員が作業をしている場面、炭焼きの窯の周りを取り囲んでいる子どもたちなど、学校で行われて

(5)　一九三二年、農林省が昭和恐慌などによる農山漁村の疲弊に対処するため、農山漁村の自立更生、隣保共助の精神を根底に農山漁村の計画化、組織化を図るために樹立した計画。

いた教育風景が映っている。
　こうした郷土教育が、果たしてこの時代の子どもたちにどのような影響を与えたのだろうか。郷里のことをじっくり学ぶことは、その土地への愛着を形づくるものになったのかもしれない。しかし一方で、こうした郷土教育は日本が戦争に足を踏み入れていくにつれて愛国心を高めるために利用されていったのも事実である。
「学校へ行くときにね。ほうあんでんって言って、天皇陛下の写真が入ってある黒塗りの、黒壁の、全部ぐるり真っ暗で、それで瓦屋根で。あの、天皇陛下の写真がそこへ納めてある。そこへ朝、最敬礼してからしか玄関入られへんのん」（雪吹百合子）
　ただ、今でも確かに残っているのは、島町に伝

炭焼きの実習（写真提供：ひょうたんから KO-MA）

わる伝承や物語が詳しく書き記されている『島村郷土読本』であり、島小学校を舞台にした映画『村の學校』がつくられたという記憶である。当時のことを知る七〇代から八〇代のおじいさんおばあさんだけではなく、四〇代、五〇代の人も、そして二〇代、三〇代の若者も、映画は観たことはないが話は聞いていると言う。その話をするときは、みんな押しなべて笑みがこぼれてくる。

　きっと、誰でも自分の郷里が注目され、評価されていたという事実には誇らしく思うだろう。そのことが、地域のなかでの共通の話題になり、喜びを分かち合うことで知らず知らずのうちに結束が強くなるし、ふるさとへの愛着も深まる。

　島町で『島村郷土読本』や『村の學校』の話をあちこちで耳にするにつけ、これらは島町住民の大切な共通の財産ということが分かってきた。そして、島町の人々を巻き込んで制作された映画『ほんがら』も、近い将来そうなっていくのではないだろうか。

「ほんがら」の意味

「ほんがらっていうのは、中が空っていう意味ねん。……誰もほんまの字を知らんねん。ハハハ。ほやけど、理屈としてこれは本空や。ほんまの空っぽや。中が空っぽや。……ほんで、もう一つ詰まってあるやろう、あれは『どんがら』って言うねん。ハハッ。『どん』っていう字は詰まるって意味もあるで、どんがら、どんがら。……どっちがどうやら、ほんまのところ分からへん。へへヘッ」（福井栄吉）

ほんがら復活を提案した福井栄吉さんは笑いながら話をしてくれた。「ほんがら」は「本空」と書いて「中が空洞」という意味らしい。ひょうたんから KO-MA の藤田によると、京言葉に「ほんがら」という言い方があり、「からっぽ」という意味だ。一方、「どんがら」という言葉はどこから来たか分からないが、島町では中が詰まっている松明のことを指している。

では、穴の空いている「ほんがら松明」と、穴の空いていない「どんがら松明」の二種類の松明

どんがら松明の芯

はなぜこのような形状になったのだろうか。そこには、何か意味があるのだろうか。

「松明に使う枯れ竹の五本や一〇本くらいなら、どこの家でも置いてはったんやわ。要は、昔から資材が豊富やったんやと思うねん。それで、ああいう中をほんがらにして、上から燃えるように工夫したもんやろうなぁ」（福居寿一）

島町の集落を囲む山々の裾には竹林がいくつもあり、材料となる竹を簡単に手に入れることができる。豊富な竹を生かして、奉納物として手の凝った松明をつくるようになった。中が空洞だから、天辺《てっぺん》から炎が立ち現れてくる。その燃える姿が神聖な雰囲気をもつ美しいものだったため、人々は競ってほんがら松明をつくったのではないだろうか……。これが一つの考え方だ。

さらに、別の考え方もある。ほんがら松明は、氏神様に捧げる巨大な灯りの燭台《しょくだい》に見立てたものだという話だ。

「神仏に灯明を供える燭台の形につくられたように感じています、ということです。ほんで、これは最後になんにゃけども、笠の上が燃えるまでは横から火をつけないようにして心がけてもらう。ということは、燭台の上のお灯明が上がるように考えたもんやと、いうように感じておるということです」（松村昭二）

そう言われると、ほんがら松明の立ち姿は確かに燭台をかたどったものに思える。かつ、その炎の燃え方も、どんがら松明とは違って一番天辺《てっぺん》から火が灯るように火付けをするので、まさにロウソクが燃えているように見える。

なるほど、「竹材が豊富だった」という話も「灯明の燭台を見立てている」という説も、いずれの話も「なるほど」とうなずける。もしかしたら、もっと話を聞き進めたらこれらと違った見方もあるかもしれない。

一つの小さな村のお祭りにまつわる小さな話とはいえ、いろんな角度からの説が多様にあったほうが面白いではないか。歴史書や古文書にも載っていない地域の物語。ほかにもまだ諸説出てきそうだし、自分で一説つくりあげてもよいかもしれない。一人でも多くの人がかかわり出すことで、その土地に根付いてきた事実はより深められ、織り重ねられて歴史となっていくのではないだろうか。私は、まさしくその過程を島町で見ているようだった。

大嶋・奥津嶋神社

島町の人々が松明を奉納するのは、集落のちょうど真ん中あたりにある若宮神社だ。若宮神社は、北津田町にある大嶋・奥津嶋神社の「境外摂社」と言い、境内は別々だが縁故は深い神社であるという。島町について調べていくうちに、この大嶋・奥津嶋神社は、島町にとってはどうしても外せない重要な存在であるということが分かってきた。もう少し詳しく調べてみようと、太陽がギラギラと照りつける真夏のある日、私はこの神社に赴いた。

島町と、そのすぐお隣りの北津田町の氏神様として、大嶋・奥津嶋神社がちょうど二つの町の境にある。厳格な雰囲気を放つ大きくて立派な鳥居をくぐると、植木や垣根の手入れが隅々まで行き届いた境内が広がっている。訪れたとき、宮司の深井武臣《たけおみ》さんが、汗をふきふき寄り合い所のような建物の玄関を掃いていた。

樹齢何年くらいだろうか。立派な杉に囲まれた境内では、じっとしているとすぐに冷たい風が感じられて汗が引いていく。ひんやりと心地よい社

大嶋・奥津嶋神社

務所の座敷で、深井さんは穏やかな調子で神社について話しはじめた。

「どういう経緯でいつそうなったのか分からない」と前置きをし、今は大嶋神社と奥津嶋神社は一つの敷地に祀られているが、かつてはそれぞれ別の場所に鎮座していたと深井さんは言う。大嶋神社は今の境内に、そして奥津嶋神社は島町の若宮神社がある土地にあったのではないかという話だ。

さらに、大嶋神社は大国主命《おおくにぬしのみこと》を、そして奥津嶋神社は奥津嶋比賣命《おくつしまひめのみこと》を御祭神としている。つまり、大嶋神社は男の神様、奥津嶋神社は女の神様をお祀りしているということだ。さらに、大嶋・奥津嶋神社は、北津田町にあるのにもかかわらず、北津田に住む人だけではなく島町の住民も氏子になっている。それは、大嶋神社は北津田町の、そして奥津嶋神社は島町の神様だからだ。島町は女の神様、北津田町は男の神様というのは、お稚児さんが身にまとう衣裳にも現れているという。

祭りの日が近づくと、毎年、集落内の男の子のなかから「お稚児さん」が選ばれる。そのお稚児さんは、ほかの子どもたちと違って祭りのために特別な衣裳を身に着ける。それが、島町ではピンク色なのだ。男の子なのにもかかわらず……。一方、北津田町ではお稚児さんは青の装束を着る。この習慣は双方とも昔から変わらないというわけだから、島町は女の神様、北津田町は男の神様と言われても納得する。

ちなみに、大嶋神社は、今は山の麓にお祀りしてある。しかし、神社の古地図をよく見てみると、以前はその山の頂上にあったのではないかと宮司の深井さんは言う。そこに、屋敷の跡が確認できるのだ。そして奥津嶋神社は、現在、島町でほんがら松明を奉納する若宮神社がある所にかつて立てられていた。この二つ、そんなに距離は遠くない。歩いてだいたい五分といったところだろうか。いずれにしても、今のように一つにまとまっていたわけではなかった。

さて、両社ともに九二七年の『延喜式』の神名帳に明記されており、歴史が深いだけではなく格式高い神社であった。大嶋・奥津嶋神社の由緒としては、第一三代成務天皇(6)が即位された一三一年以来、正式に朝廷の神社として祀られるようになったと伝えられている。農村部の辺鄙《へんぴ》な土地とも見て取れるこの地域に、なぜこのような由緒のある神社があるのだろうか。村の長老たちに話を聞き進めていくと、そのわけが見えてきた。

北津田町と島町をぐるりと囲む山には六世紀ごろの古墳群があり、その数は一〇を超えている。宮司の深井さんは、「このあたりには、力のある豪族がいただろう。このあたりは、山の幸、湖の幸も豊かだし、土着民族の氏神さまとして、昔から祀られていたのではないだろうか」と想像

(6) 『古事記』『日本書紀』に伝えられる第一三代天皇(在位：一三一～一九〇)。当時の都は現在の大津市太穴と伝えられている。

をめぐらせる。また、この地域一帯は、平安時代には「奥嶋荘[7]」と呼ばれた荘園であった。天皇が狩りに来たときに、奥嶋に立ち寄ったことが伝えられている土地でもあるのだ。

さらに、この神社はこの地にしかない興味深い儀式を継承していると聞く。それも、一〇〇〇年以上もつづくものを……それはいったいどのような儀式なのだろうか。

むべの献上

それは、「むべ」の天皇への献上である。一九二二年（大正一一年）に発行された『近江蒲生郡志（第一巻）』の第一編「古代志」のなかに、そのはじまりの物語が綴られている。その原文を一部ご紹介しよう。

第五節　天智天皇[8]と奥島の御贄郁子

奥島は本郡の湖角に一境の別天地を爲し島中に白王、奥島、北津田、中庄、長命寺の五大字散在す。

大島奥津島神社は延喜式神名帳に記する名神大社にして大字奥島に鎮座す、老樹鬱蒼として神威彌高し此島中に古来一種の果を産す名つけて郁子といふ、（中略）天智天皇蒲生野遊狩の時に、此島にて男子八人を有せし老夫婦の長寿健在するを御覧あり、長寿の法を問はせ給ひしに、老翁は、此地に産する郁子の実が延命無病の霊果なれば、之を食し長命を保つと答へ奉りしに、天皇如レ之霊果は例年貢進すべしと仰あり、爾来毎年十一月朔日の御用に献上し来りしを記す。

『近江蒲生郡志』の表紙
（大嶋・奥津嶋神社所蔵）

この文章を読みといてみよう。

「白王、奥島、北津田、中庄、長命寺の五つの地域を擁く別天地のような島があった。そこにある大嶋奥津嶋神社は、延喜式に記されているくらい格式の高い神社で、奥島に鎮座していた。ここでは昔からとある果物ができ、それは郁子《むべ》と呼ばれていた。（中略）天智天皇が蒲生野に狩り

（7）鎌倉時代初期（一二六二年）、奥嶋で出された村掟「奥嶋百姓等庄隠規文《おきぶみ》」が大嶋・奥津嶋神社に所蔵されていた（現在は、国指定重要文化財『大嶋神社 奥津嶋神社 文書』（編纂兼発行者・滋賀大学経済学部附属史料館、一九八六年）に収蔵）。これは現在知られる日本最古の村の掟文で、地域の自治を示す貴重な史料である。

（8）（六二六～六七二、在位：六六八～六七一）第三八代天皇。中大兄皇子として知られている。中臣鎌足らとともに大化の改新を行った中心人物である。

においでになったときに、この島で八人もの男の子を授かり、元気に長生きしている老夫婦に出会った。天智天皇は、長寿の秘訣は何なのかとお尋ねになったところ、おじいさんは、『この土地でできる郁子という実が、病気一つせず、長生きできる不思議な力をもった果実なのです。これを食べて、長生きをしてきました』と答えられたので、天智天皇は、この不思議な果実を毎年献上するようにと告げられました。それ以来、毎年一一月一日、御所に献上するようになったのです」

「謂われがいいさかいに。長寿の、あの、一つの秘訣やということで。天智天皇のときから、ずっと言い伝えがあるさかい」（雪吹良治）

なるほど……どうやらこの話は島町ではよく知られた話のようだ。ちなみに、天智天皇は翁の話を聞いて「むべなるかな（いかにも、もっともであるなあ）」とおっしゃったと伝えられていて、それ以後、この果実を「郁子《むべ》」と呼ぶようになったとも言われている。郁子はつる性の植物で、木に巻きついてぐんぐん伸びていく。楕円形の実で、九月から一〇月ころに熟しはじめて淡い紫色になる。

「甘いのは甘いねん。ものすごい甘いねん。なぁ」（雪吹百合子）

「昔は『むべとり』言うて、ようこの裏山に行かはったんやけどね……女子《おなご》はとても採れへん」

（雪吹良治）

「採れへんけどな。採りに行くんや。怖い怖い所にあるんや。おいしいし、種ばっかりやけど、それがまたつくつくと舐《ねぶ》って」（雪吹百合子）

種は小豆くらいの大きさで、一つの実にたくさんあって食べやすいものではないけれど、甘いものが少なかった時代には子どもたちは喜んで頬ばっていたそうだ。ほんのり甘味があって、水分の多い瑞々しい果物である。

さて、六六八年に即位した天智天皇の時代から献上をはじめているのだから、およそ一四〇〇年にもわたってつづけられていることになる。深井さんは、「しかしながら、神社として献上しはじめたのは数年前からだ」と教えてくれた。

そもそもむべの献上は、伝説の老夫婦の親戚の子孫にあたる島町のとある家が担ってきた。彼らは、むべの供御人《くごにん》として代々献上のお役を果たしてきたのだ。

「大正のころまでは、島町のなかの二軒でやっておったと思います。いつからかそれが一軒になって、それから昭和五五年くらいまで、福居さんところがおばあさん一人でやっていたけど、できんようになってそのままやった」（深井武臣）

こうして、天皇へのむべ献上の風習はいつからかなくなってしまったのである。

「なんとか復活したいと思ってたんです」と言う深井さんは、一度途絶えてしまった皇室への献上の復活を果たすため、神社として県に働きかけるなど、あの手この手を使って思いを伝えつづけた。それには、五年の歳月を費やしたという。

「個人が再びやるんではなくて、神社の責任としてつづけさせていただきます。神社、村の歴史としてつづけさせていただきたい」

むべの献上は、毎年一〇月の末に行うことになっている。一〇月も終わりに近づき、むべが美しく赤らんでくると、一〇〇ほどの熟した実を収穫するという。そして、そのなかから、色もよく形のそろった一五個を選りすぐる。それらを青竹で編んだ専用の籠に入れてヒノキでつくった箱に納め、それを携えて献上の路に就くのだという。

島町の山中には「ムベ谷」、「ムベヶ原」などの地名があって、おそらくそういう所に生えていたのではないかと深井さんは言う。つる性の植物だから、山のなかの木を伝って高い所に上がっていく。そうすると、人の手の届かない所に実るので、こうした野生のものは今ではなかなか採れないそうだ。

ここ最近は、神社の境内や島町内にも、かがんでくぐれるぐらいの高さのむべの棚がつくられている。そこに勢いよくむべの蔓《つる》がグルグルと巻きつき、赤紫の光沢のある実がブラブラとぶら下がってなっている。

「むべの奉納が復活して、むべの里としてまちづくりをしています」と言う深井さんは、むべの伝説の地である島町の隣町である北津田町に住んでいる。しかし、これだけ歴史が深く、由緒正しい風習であったため、これからも長くつづくようにと考えて神社として立ち上がったのだ。

かつて、村や町などの共同体をまとめあげたり、または拠り所となってきたのは寺や神社であった。春夏秋冬、季節にあった祭事がハレの日となり、単調な暮らしに彩りを添えてきた。一年間、無事に過ごすことができるよう家内の平穏と健康を祈る。それと同時に、寺社は地域の人々が守って維持してきたものでもある。檀家や氏子は、金銭だ

むべの献上を市長に報告する深井宮司（写真提供：大嶋・奥津嶋神社）

けではなく自分の時間を割いて草とりや掃除を行っている。この両者の関係性がうまく働くことで、地域全体の繁栄や安定につながってきたのだ。

ところが最近では、いつ掃除したか分からないような、床が今にも抜け落ちそうなお堂だったり、草が好き勝手に伸びている境内を見かけることがある。思わず目をふさぎたくなるような有様である。そうした寺社がある集落は、とんでもないほど高齢化、過疎化が進んでいるか、もしくはその地域に住みながらも地域外に勤めに出る人が多く、それまでの地域社会の「結《ゆい》の精神」が崩壊しているような所と見てとれる。

しかし、こうした状況を、時代がゆえに仕方のない理由による結果とは必ずしも言えないと思う。大嶋・奥津嶋神社の深井さんは、地域に密着して地域の神社としてできることを自ら担っている。深井さんの行っているむべの献上は島町の人々がみんな知っていることで、これもまた、地域の自慢できる事柄の一つとなっているのである。

第4章 松明をつくるために

ほんがら松明づくり

島は金屏風のよう

「春、初めてこのへん見に来たけど。山が小さいやろう。箱庭みたいな。……ほんまにきれいでっしゃろう。うーん。春やったら、ほんまにきれいな田んぼにレンゲが咲いて、菜種が咲いて……ほいで緑がきれいやし。ここにちょんちょんちょんと、昔は機械化やないから、二人、三人とお家の人が仕事してはるんですね。……田植えて帰ってくるころは、向こうからこの山が見えまっしゃろ？　そしたらね、金屏風みたいにきれいですねん。見たことのない風景。あの、霞《かすみ》がすーっと下にかかって。なーんてきれやろう、と思いましたわ。ほんまに金屏風の絵みたいやなぁーと思って」

島町の東隣の鷹飼町から四五年ほど前に島町に嫁いできた福井芳郎さんの妻の美枝子さんは、自然と人の営みの豊かで美しい光景は「金屏風」のようだったと、そのときの感動を語ってくれた。

島町は、三〇〇メートルほどのこんもりとした山塊に囲まれ、その山並みにくっついて集落がいくつかある。グルリとある山の南側には平たい土地が広がっていて、田んぼや畑になっている。山も、田も畑も、村もみんな一つになってその場にあるのだ。すなわち、山の恵みも田畑で育つもののそこで暮らす人びととのつながりも、すべての恩恵が集まっている山の里である。
「昔は、春には赤いレンゲがあって、黄色い菜種があって、麦があって、折り紙細工のような田んぼでした。今は国の政策で休耕で麦をやってるけど、昔は思い思いの『私はここに菜種をつくろう、黄色、私はここでレンゲをつくるんや、赤』って色とりどりできれいでしたよ」(田谷猛司)
ここ、島町の地でほんがら松明がつくられてきた背景には、こうした自然と人とのかかわりあいが濃く、そして深く溶け合っているという事実がある。つまり、暮らしの必要に応じていろんな作物を育て、それら身近にあるものを組み合わせて松明をつくりあげたのだ。自然の力によってもたらされたものへの感謝の気持ちとともに。

「今でこそ殺風景で何もない所もあるし、麦だけの所もあるし、菜種は祭礼用にはあるけど、それ以外はつくっていることはない」(田谷猛司)
ここ最近では、祭礼用に、つまり生活のためにというわけではなく松明づくりのためにわざわざ菜種を栽培しているという。昔のことを考えると、順番が逆転してしまっているのだ。食べていくために欠かせなくてつくっていた作物の副産物を使った松明づくりから、松明づくりのための農作業になったのである。
この変化を聞いて私は心配になった。心からの感謝と祈りを込めた松明を、今の状況のもとで変わらずつくることができるのだろうか。先人が松明に託した思いを汲みとり、自分もまた同じ気持ちを注ぎ込むには少し距離がありすぎるように思うのだ。

かつてとまったく同じ生活を強いるつもりはない。米や野菜はいつでも安くスーパーで手に入る便利な世の中なのだから、みんなが農業をはじめる必要もない。だが、松明にこの材料が使われている理由を学び、そもそも宵宮祭をやる意味をあえて心にとどめておかないと、いまや祭りや松明は形だけのものになりかねない。

日々、当たり前のように米づくりや野菜づくりで汗水を流している人は、土と水と太陽への感謝と謙虚な気持ちを言葉なしで感じることができるのではないか。そうではない今の暮らしのなかでは、私たちはその事実をせめて心にとめておかなければならないと思う。

「竹」との関係性

さて、松明をつくるためにはいろんな材料が必要だ。一通り挙げてみると、竹（枯れ竹、生竹）、藤のつる、菜種殻、稲藁、葦などだ。こうした松明づくりに欠かせない材料は今でもほとんど地域のなかで賄われるというのだが、それらはどのように準備され、使われていたのだろうか。

「ここらの周辺は、やはり竹やらが豊富やったので、竹でこう芯をすえとんねや。竹を丸めてな。

ほんでやっぱり昔はまぁ、ここらにあるもんを利用したんやろうなぁ。持ち寄ってつくったんやろなぁ。葦《よし》でもほうやわな。葦でも、やっぱりこの周辺に葦地が多いやろ。ほでにやっぱり、葦を使ったんやろなぁ。まぁ、菜種は油とるにつくったし」（福居寿一）

「ほんがら」でも「どんがら」でも、中心の芯には枯れ竹を使っている。いずれの松明にしても、枯れ竹は少なくとも六〜一〇本程度はほしいところだ。ほんがらだと空洞状にするために生竹を細く切り裂き、ぐいとその弾力を生かして輪っかをいくつもつくることになる。あとは、松明を支えたり突っついたりするための「アホ」には、しなりのある青々とした生竹が使われている。

島町の山裾を見わたすと、すぐに竹林が目に飛び込んでくる。よくよく見てみると、竹と竹の間はあまり隙間がないため真っ暗な林で、一本一本が押し合うように上へ上へと伸びようとし

荒れた竹薮

ている。暗闇の竹林を目を凝らして見ると、無残にもバキバキに折れた竹がそのまま放置され、竹林に足を踏み入れることは不可能のように思える。こんな竹林がポツポツと散在しているのだ。

若いころから山仕事に携わり、七〇代になった今でもときどき作業に出かけていくという福居寿一さんは、竹は今よりもっと生活に身近なものだったと話してくれた。

「竹でもな、山から持てるだけ持っていったら一日の日当分くらいあったんや。昭和三四、五年くらいまでは、竹もようけ売れたんやわ。……それがこのごろ、誰も使わへん。竹の細工や、それに田んぼでも、『はさ』やらはみんな竹や。稲乾かすの、みなはさ竹や。そんで、もう竹をなんにも使わんようになったんやろ。私らの若いときには、もう全部枯れた竹ばっかり。生竹にしたら、周囲

はさかけ用の竹が保管されている

の藁や菜種が燃えても中が燃えへん」

どうして枯れた竹ばかりだったのかというと、はさかけ用に何年も繰り返し使ったものを、最後は松明の芯にしたからだ。

「木ぃよりもやっぱ丈夫で、長持ちするわね。……ここの場合は全部竹をくってね、そういう竹は全部はさ竹を、みんなが、たとえば組なら組、あるいは町単位なら町単位で、一軒に二本なら二本、三本なら三本ずつ竹を持ってこいと」（田谷）

ところが今は、米づくりをしている人のほとんどが、手間も時間もかかるのでは**さかけ**はせず、収穫したあとはすぐに機械で乾燥させている。つまり、身近であったはずのはさ竹は見当たらない。何十年ぶりかに松明を復活させようと思っても、いまや枯れ竹はすぐには手に入らないのだ。今回、ほんがら用にはなるべく水分を含んでいない竹を選んで刈り取ってくるか、それがなかったら青々とした生の竹を芯に使うしかなかった。

竹はかつて、釣竿や建築資材としても頻繁に使われていたという。島町の北側にそびえる山はほとんど国有林で、個人所有のものは部分的でしかない。しかし、国有林では竹を刈り出してきてもよい時期が決まっていて、自分の山がない人はそのときに必要な分だけを刈ってきたそうだ。

いわゆる入会地《いりあいち》のような使い方がされていたのだろう。また、島町には竹を扱う専門店が現在でもある。以前は、竹があまり自生していない彦根あたりに売りに出していたという。

「ここにも竹屋は二軒あったんや。今は一軒だけやけどな」（福居寿一）

中国から竹が大量に輸入されるようになったことや、新建材が登場したことなどに押されて竹の利用はだんだん少なくなってきた。竹林には、いまや人が入ることもなくなって間引きもされないため、ぐんぐんぐんぐん拡がって山裾から中腹までを支配しかけているように見える。

竹の地下茎は三〇センチくらいしかなく、広葉樹が発揮するような保水能力は期待できないという。ここ数年の間、放置竹林の問題が取り沙汰されているが、それは景観の問題だけではない。山地の保水力の低下から生活環境の悪化にもつながりかねないということが、福居さんの話からじわじわと伝わってきた。

かつて島町では、竹は生活に欠かせないものとして求められるとともに、祭りで使う松明の材料として定期的に切り出されていた。景観保全などを目的にあえて整備するでもなく、かといって放置されるでもなく、ちょうどよい具合に手入れされてきたのだ。だから、欲しいときに適当な竹がすぐに手に入った。そう、祭りの準備によって生活環境がうまい具合に整えられていたのだ。

いまや、松明をつくりつづけるためには、こうした材料を手に入れられる環境を整えるところからはじめなければならない。しかし、身の周りのもので松明をつくるという習慣が一度消えてしまった今となっては、それをそっくりそのまま元通りに行うことは不可能に近いし、そうすることが正しいかどうかも分からない。

昔の話を聞いて、「ああ、そんな知恵があったんだ、すてきだなぁ」と単純に憧れをもつことはあるが、今の生活をすぐに否定して過去に戻りたいと願うことはできない。私は自分が生まれるより前の生活は知らないわけで、未体験のものを肯定して現実を否定できるような裏付けももち合わせていない。しかし、かつてつくられていたほんがら松明を復活させ、継続させていきたいと島町の人々が力を尽くすことはよく理解できるし、それが大事なことなんだろうということも頭では想像できる。

今のこの時代にほんがら松明をもう一度つくること、すなわち、かつてとはずいぶん変わった今だからこそ、ほんがらを復活させなければならない理由というのがあるように思う。だから、以前とは違う材料の集め方になるのもやむを得ないし、生業のリズムに馴染んでいた松明づくりも少しぎこちなくなるかもしれない。

私は、こうした「伝統」、「文化」的なものの復興をいかにこの時代の文脈のなかで読み説いていくかということを考えていきたい。そうすることで、単なる郷愁や現在の否定ではない、もっと重要で本質的な意味を捉えることができるように思うのだ。

「稲藁」その1——牛とコンバイン

「藁もない。ない人が多いねん。今はねー。前はみな、百姓してたけど」（福居澄子）
「前は、こういう藁を根で括ったんやけど、今コンバインでバサバサっとしたの寄せて、みな家に置いとくやろー。ほと、松明にはしにくいねん」（福居寿一）

松明に欠かせない材料の一つ、それは稲藁である。これまでの話にもあったように、島町は稲作が盛んな所だ。一九七〇年（昭和四五年）ごろから、島町でも減反政策によって米だけではなく大豆や麦もつくられるようになったが、それまではほぼ米一色だった。

「だいたい、百姓一町歩やってたら一年食えてたもんな……今は無理無理。昔は食費もいらなんでな……今、米つくったって採算とれへん。利益がない。若いもんはみな農業離れしちゃって。またそんなもんかかってたら、二町や三町つくたって食べてかれへん」（福井芳郎）

昔は、私たちの主食である米をつくるお百姓さんは現在に比べてずいぶん暮らし向きがよかったのだという。一町歩というとだいたい三〇〇〇坪、約一ヘクタールの広さで、一辺が一〇〇メートル四方の面積だ。それは決して狭い土地ではないし、今のような便利な機械がなかったのだから決して楽な作業ではなかっただろうが、これだけの田んぼがあれば一年間食べていくことができたのだ。ところが、今はその二倍、三倍の面積で米をつくっても、それだけでは生計を立てることが難しいという。

七〇歳を超えても先祖代々の土地を守るために田んぼをつづけている福井芳郎さんはそう話してくれた。そして、目を細めながらウシを飼っていたことを語りはじめた。

「ウシを飼うてたんや。一頭。一年中世話しても五月くらいしか働かせない。食べさすばっかりで大変や。……うちは一頭飼うてたけど、二週間交代くらいで世話をして、共同で飼う人もいたねんや。……但馬から買うたん

牛を使って田起こしをしていた（写真提供：ひょうたんから KO-MA）

や。兵庫県から。あそこから種牛買うて、こまかい子ども買うて、大きくして、仕事教えて、受精させて、産む前に売ると。おなかに子どもがいるときに売る。また、代わりのこまかいやつを飼うんや。……獣医さんが来て、人口受精される。種つけて。だんだん大きくなるわな。仕事教えて、仕事教えんと高く売れん。力つけんとあかんからな。鞍つけてなぁ、引っぱらせたり、耕すということはできへん。いやがって。それを教えんとあかん。そうやないと高く売れん。それを十分教えて、受精させて売るんや」

島町では、戦後に耕耘機《こううんき》などの機械が出てくるまでは畑仕事にウシを使っていたそうだ。ウシの力を借りて農作業をしていたという話はよく聞くし、写真でも見たことはあるが、まさか、ウシを妊娠させてそれを売るというようなことまでやっていたことには驚いた。農家が少しでも収入を多くしようとする努力に、彼らのたくましさを感じる。

さて、家によって田んぼの広さはまちまちだけど、広い面積で稲作をしている家はだいたい一軒当たり一頭のウシを飼っていた。小さな田んぼしかもたない家は、ウシを飼い育てるには餌代が嵩《かさ》んで大変だったため、ほかの家と共有する形で一頭を飼っていたという。

共同で飼う目安として興味深かったのは、小規模農家一軒当たりウシの足一本分、つまり四軒で一頭のウシを飼うという話だ。たとえば、ウシの足二本分の規模の農家だったら、二軒で一頭を所有するということになる。なるほど、ウシを使える時間はかぎられてしまうけど、餌代や世話のことを考えると理に適っている飼い方だ。もちろん、なかにはウシを共同でも飼えなかった小さな農家もあり、そこはすべて手作業だった。今でいうコンバインを共同購入するのと似ていて、それがウシだったということだろう。

「稲藁」その2——「かたみ」で田仕事

さて、ウシは土を耕す役割を負う。そして、人が手で田植えをする。

「田植えをね、かたみ言うて、あの大勢が並んでやったほうが精が出るさかいに。あの、にぎやかで。忘れてるうちに、仕事がはかどっていくさかいに。ほんで、かたみ言うて、こう、行ってもらって、ほんでまた来てもらうという、そういう制度をよくやったね親戚が」（雪吹良治）

「あの山の裏の大中《だいなか》へ田植えに来てくれ、（と親戚が）言わはってね。もう六時半には朝出て。あの、行きましたわ。六時半にもう迎えに来はるの、朝早ようから。ほで、帰ったらもう（夜）七時ですねん。もう、そしたらもう腰のところが痛とうてね。帯がすれてすれて、もう赤剥けになって。もう上向きに寝られんかったわ。もう真っ赤になったわ」（雪吹百合子）

五月から六月にかけては、村をあげての田植えの季節。今日はこの家、明日はこの家というように、親戚や近所の人が借り出されて、みんなで田植えの作業に一斉にとりかかった。どの田んぼも植える時期を逃せないから、毎日のように田をわたり歩くこともあった。声のいいおじいさんがいると、その唄にあわせて田植え歌の合唱がはじまる。体が辛くても、心は楽しみながら手を動かす若人らの姿が目に浮かぶ。

ところで、「かたみ」というのは「共同でする」ことを指す言葉のようだ。田植えだけではなく、「かたみ」はお風呂についてもされていた。

「（自分の家が）今日したら、前の家が次の日沸かさはるやん。ほんで、家の五右衛門風呂でもなんでも来てはったんや、前の家から。ほいて、沸かさへん家はここではお風呂休みやさかい、ほんでに順番にこう交代でしてたんや。前の家からなぁっ、『風呂来てー』ってもう、家んなかから言うてくれはんねん」（南すゑ）

「もう、お風呂当番やとみんな入りに来てくれはんにゃね。……四軒がかたみ風呂してんにゃなぁ」（雪吹百合子）

「風呂もらいに行くと、順番待ってないといけないですわ。ほうすっと、あられ炒ったりね、かき餅焼いたりしてお茶を出してくれるの。で、お茶飲みながらかき餅いただいて、ほうして順番待ってるんです」（雪吹良治）

話を聞いていると、どうやら三軒から四軒くらいで同盟を組んで、順番にお風呂を提供していたようだ。一日中、汗水たらして働いた大人から子どもまで、数家族が一つのお湯を使うものだから、最後のほうに「かたみをもらう」（かたみ風呂に入る）と湯は米の研ぎ汁のようだったらしい。とはいえ、煌々と電灯がともっているわけではなかったから、「ほんなこと、分からへん」と言う。

「稲藁」その3——水争い

稲作には、豊富できれいな水が欠かせない。今でこそ琵琶湖から水を引いてきて田んぼに使っているそうだが、それ以前は山水で田んぼの水を賄っていて、米を育てられる土地もかぎられていた。

「山の裾から流れてくる水、それを田んぼにしてたんや。……この（島の田んぼの）面積四〇〇反ほどかな、その三分の一は山の水、伏流水で流れる水で賄っていたわけだ。ここのお宮さんの池があるねん。若宮神社。あそこの、湧いて出とる水もあるし、伏流水もあるし、何もかもあわせて年中きれいな水が流れてるん」（松村昭二）

琵琶湖がすぐ近くにあり、豊富に水をたたえているから、昔からその水だけを利用していたのだと思い込んでいたがそうではなかった。山側の三分の一くらいの田んぼは、北方にそびえる山からの水を引いて古くから稲作が行われていた。ちょうど、山を開拓してつくった棚田が若宮神社の西側に見られる。今は、その大部分は果樹が植えられたり、休耕田になっている所もあるが、その積み上げられた石垣を眺めてみると、かなり年季の入ったものであることが分かる。

ほんの数枚だけ、この段々畑で山水を使って田んぼをしている家もまだあって、とれる米が「断然おいしい」と評判がいいらしい。そうとはいえ、今と違ってみんなが米づくりに励んでいたときは、自然の水を悠々と引いていたわけではなかった。

「山から落ちてくる水はな、これは（用水とは違って公式な）水当番があらへん。天然水やから。ほと、道義上な、水をうちにもおくれな、ちゅうことでな、分け合って入れていたけどな、日照りになると下がってくる水が少なくなる。田んぼが割れてくる……そこで水番ちゅうて、水ほしいもんが番すんねん。……夕方になると照りがひどくなって割れてくる。そうなると、竹やなんか持ってきて火をたくねん。番とり行って。昼間仕事しなあかんやろ。昼間は分け合ってるねん。水が流れてきてな、二軒で分ける場合は草をとってきて上から流すわけよ。そして、ちゅーっていくと、こっちへ半分、こっちへ半分いくように真ん中に堰《せき》するねん。ほれをな、田んぼがな、遠いほうにもってはる人は、水をときどき見んと何されるか分からん。そしたら、ほかの人がちゆっと（堰を）変えて……。水争いや。水は、丑三つ時になると水の勢いが強くなって多くなってくるんや。山が吸わんのか、知らんけどな。火焚いて、番をするんや。二人も三人も夜明かしするんや」（松村昭二）

「あそこらへんで野宿してたんや」と、松村昭二さんは指を差して教えてくれた。暗闇のなかで夜中にぼーっと赤い焚き火が灯り、男衆がポツリポツリとその周りを囲んでいた。「水が命」ということが、エピソードを交えて聞くとより現実的に聞こえる。蛇口をひねればいくらでも水が出てくる今の時代とは違うのだ。

さて、残りの三分の二の田んぼには琵琶湖から水を引いていた。そのためには、島町の南側を流れる長命寺川を通して水を運んでこなければならない。しかし、ここは北から南に向かってわずかに傾斜があり、扇状地のようになっている。つまり、湖の水を土地の低い所から高い所に引いてこなければならないのだ。だから、巨大な足踏みの水車《みずぐるま》で水を上げていく必要があった。自分の背の高さほどある車輪の上に乗り、グイグイと水を押し上げる。

「水車で下から水を上げて上にやるというふうに、原始的な農業をやっていたんです」

そう語る田谷猛司さんは、この島の土地改良事業にかかわり、こうした「原始的」な稲作から「近代的」な農業の草分け的時代を目の当たりにしている。

「ここは、単作の排水の悪い土地だったんですが、昭和三九年（一九六四年）からね、土地改良の関係をしまして、そうして四〇年の初めにこのような整然とした土地改良事業が終わったんですわ。ここで初めて、水田以外の田んぼもできる可能性が出てきたんですけどね、まあ畑地のような地帯とは違いますからね。ほれでも、今でも米が主体でないとこの地帯は無理ですわ。地下水が高いっていうことですわ。琵琶湖水位との格差がないからね、田んぼの水を落としても引きにくい、引きにくいということは、ほれ、田んぼの排水が悪いということですわ。こういう田んぼは、水を入れたときは水が入って、水を止めたらさっと引いて、畑地のような地帯になるというのが理想的なんですが、ここらへんはそうではなくて稲作が専門のような地帯です

巨大な水車《みずぐるま》で田んぼに水を上げる（写真提供：田谷猛司氏）

わ」（田谷猛司）

土地改良事業は圃場《ほじょう》整備、すなわち灌漑用水の整備や農道の整備など、より効率のよい農業の環境を整えることを目的に行われてきたものだ。

「分散していた不整形な田んぼがたくさんありました。このへんは千枚田みたいなもの。山田の千枚田のようなものがありました。落差が大きい所は工事費が多くかかるからやめました。可能な範囲だけをやったんですわ。不整形な田んぼを幹線道路で幹線水路をつけて、それによってこういう碁盤の、区画はね一枚三反ですわ。三反区切りの整然とした田んぼにつくり直すということやわ」（田谷猛司）

地形に合わせて人力で切り開いた田んぼは、一枚一枚がとても小さくて形もばらつきがあった。今でも美しい田園の景観として残されている所があるが、そのような田んぼには大型の機械を入れることができなくて、「効率的な」農業は不可能である。広さも形も統一して、作業を機械化しやすい状況に整えるのだ。

「今はどこの田んぼにでもね、自動車がね、横づけにできますわね。それができると、近代的な農機具が使えますわね。それまでは全部田んぼを手で刈って、湿田やからねはさかけをして乾かしていました。ものすごい労力がいったんですわ。それが自動車が通れる、大型機械が入れる、今までの一〇いった労力がね二か三のね、ものすごい省力ができたんです」（田谷猛司）

かたみで田植えだとか水争いだとか、これまでの田んぼの作業にまつわる話を聞いていると、この土地改良事業がどんなに喜ばしい大変革だったことかがひしひしと伝わってくる。いつの時代か、自分の先祖が開墾し、そしてもっともっと豊かになろうと田畑の整備をしてきたのだ。今は、腰を痛めなくても、着物で体を擦りつけることもなく、機械を使って何十倍もの土地を簡単に耕作できる、何ともありがたい境遇なのだ。今ほど楽に田んぼができる時代は彼らにはなかったのだ。

こうしたことを聞いていると、七〇歳になっても、八〇歳近くになって体が思うようにならなくなっても、また米は安く買い叩かれ、昔のように米づくりだけで生計を立てることが難しい時代になっても、田んぼを何とかしてつづけようとするおじいさんたちの心境に納得する。

「稲藁」その4——肥やしと田んぼの魚

水の話や土地改良の話題で夢中になってしまったが、そのほかに米づくりをするにあたって忘れてはならないものがある。それは肥やしだ。

「化学肥料っていうものはありませんしね。自給肥料ばっかりですから。で、この、あの、島区においては葦《よし》っちゅう。あの円山の、現在、葦がありますわね。あの、青葦をね肥料代わりに。

もう、刈りに行って、干して田んぼに入れて。自給肥料をこしらえんことには」（雪吹良治）
「裏の山へみな、あの萱《かや》のあらめを刈りに行ったり、漆の芽を刈ってきたり。うん、ほいで、船に積んで戻ってきてな。葦葉《よしば》やら。それをみな田の下にやって。肥えや。今は（化学肥料を）ぺぺとやって。そんなもんあらへん。ほれでレンゲやとか、さっき言うてる、レンゲやらをみな田の下に敷くわけや。それが発酵しよって肥えになるねん……そら、ここ五〇年くらいでころっと変わっとったで」（三崎泰次）

これらは「有機肥料」と呼ばれるものだ。ほかの地域では、たとえば藻や川の底に沈んだ泥などを田んぼの肥やしとして使う所もあったそうだ。その土地ごとで、手に入れやすいものを使ったのだ。

ところで、今だと逆に有機栽培の野菜など、こうした肥料を使った農法が注目を浴びている。なるべくその土地にあるものだけ、外から何も持ち込まないで行う農業はその土にとっても農作物にとっても、そしてそれを食べる人間にとってもよいという話だ。この考え方は、まさに先ほど語られた島町でのかつての様子そのままである。およそ五〇年で有機肥料から化学肥料に変遷を遂げ、そして再び有機肥料に立ち返ろうとしている。

こうして土を肥沃にして、できるだけたくさんの実りを享受しようといそしむわけだが、思いがけない災害に出合うこともあった。とくに、土地改良がまだされていないとき、琵琶湖の水を利用している田んぼでそれは頻繁に起きたという。その災害とは、田んぼの浸水だ。

「よく田んぼが、こんだんやぁ」（田谷猛司）

「こむ」とは「浸水する」ということだ。田植えが終わった六月ごろはちょうど梅雨まっさかり。雨がつづくと水路から水が溢れ、田んぼに水がたまって稲が沈んでしまうのだ。まだ植えたての時期だと、根が張っていない苗がプカプカと浮かんできてしまい、植え直さなければならないこともしばしばだったという。そんなときは、育苗の時期が少し遅い岐阜のほうまで苗をもらいに行ったというのだから、それもまたひと苦労である。

また、この大水にまぎれて「ワタカ」という魚が川から田んぼに入って来る。ワタカはコイ科の魚で、葦が生息する水場が生活圏となっている。

「そう、雨が降ったら川に魚がすぐに入ってきた。バケツにいっぱい捕まえた」（田谷猛司）

このワタカだが、なんと稲の新芽をついばむのでお百姓さんの天敵だ。魚図鑑によると「水草を主とする雑食性」とある。田んぼに魚がいると子どもはキャッキャッと喜んで遊ぶが、実はとんでもない客だったのだ。さらに、こうした状況が不運にもつづいて長いこと稲が浸水すると、苗がとろけてしまううえに、どんどんワタカが入り込んで芽を食べられてしまって、にっちもさっちもいかないということがたびたびあったようだ。

このような水害が繰り返されると、年によっては全然米がとれない年もあったほどだ。今では、川の水が少しでも田んぼについたら水門を閉じて川の水位を低くして浸水を抑えることができるので、水害に遭うことはめったにない。ちなみに、山水を使っている北側の田んぼは南側より土地が高く、土地改良事業が行われる以前からもともと浸水することはなかったという。

天候は農業に大きく影響する、ということは誰もが知っていることだが、その理由の一つに魚が登場するとは想像だにできなかった。苗の芽を魚が食んでしまうとは……。ところが、島町の人たちは口をそろえて、こうした自然災害による被害はあったが、このあたりは昔から米づくりにぴったりな肥沃な土で、「よそと比べると貧しくなかったんだよ」と言う。

それでもさまざまな場面でこんな苦労を経験してきたのだから、そうでない土の痩せた地域では米をつくることにどれほどの苦労をしてきたことか……。たしかに、山間《やまあい》の地域で、どう頑張っても島町のように田園を拓くことができなかった所や、一日のなかでもあまり太陽があたらない暗くて冷たい田んぼも多い。

島町に長いこと住んできた人々は、島町の暮らしやすさや居心地のよさをよく知っている。郷里に対して素直に愛着を感じて率直に口にするところは、この豊かな土地に生きてきた人々ならではと私は受け取った。

「稲藁」その5――とうとう収穫

九月から一〇月にかけて稲刈りシーズンが到来する。鎌を右手に持ち、稲の根元を左手でつかみながらザクッザクッと刈り取っていく。株を束ねて根元でぐるりとまとめあげる手つきは、さすが米づくりの熟練者にはかなわない。私では、縛りあげたつもりでも力が足りなくてきれいな束にならない。どうやらコツがあるようだ。

広い広い田んぼをただひたすら腰を曲げて刈りつづける。刈っては一息つき、一息ついてはまた刈っての繰り返し。よくこれほどの土地を人の手やウシの力だけで管理してきたと、機械のなかったことを想像するだけで果てしない気分になってくる。なぜなら、私はコンバインやトラクターありきの農業しか見たことがないからだ。

私がまだ幼かったころ、家の近くに腰の曲がったおじいさんやおばあさんがつくっている小さな畑がいくつもあった。彼らは、ものすごくゆっくりした独自のリズムで作業をしていく。どうしてもっと早く手を動かさないんだろうか、と不思議に思ったことがあったが、今になってそれがようやく分かった。そんなに焦って急いでやったら、どう考えても体がもたないのだ。毎日毎日やるものだから、まずはつづけることが先決となる。しかも、田んぼ仕事はお天道様の出ている時間にしかできないのだろうと思っていたが、実はそうではなかった。夜になってもやることが待っているから、昼間にすべての力を使い果たすわけにはいかなかったのだ。

「夜できる仕事、まぁいうたら、稲はさかけっていうて。昔はコンバインやなかった。で、骨に稲をかけて」（福居寿一）

「手で刈って」（福居久）

「乾かしたやつを脱穀してたわけやねやわ。今はもう生の、立ったぁるまま刈り払うてするさかいに、夜の仕事はもうなぐなったけんど。ここにある籾《もみ》摺りやとか、そういうなのは、雨やとか、夜ちゅうてもそんなに長いと明日があるもんやから、まぁ大体九時までに仕事したもんやねけどね。夜せざるをえなんだね、前は。乾燥はやっぱり、天日で乾かすし。そういう事情があったもんやから、明日お天気なのに、籾を干すのはないちゅうこともできんしね。それに追われて、結局仕事に追われて『夜なべ夜なべ』て、ここらは方言で言うとんねんけんど、まぁそれで夜なべをやってたねんけどね……まぁ、昭和一桁（生まれ）でも、ほんのはじまりの昭和一桁、まぁ、昭和四、五年ちゅうもんが一番そういうことに携わってきたやろなー、と思てねんけんどね」（福居寿一）

　このころはコンバインがなかったから、稲刈りは手作業で肉体的にしんどいのは想像がついたが、刈り取るだけではなく、そのあと米を食べられる状態にまですることも、当然だがすべて人力となる。

そう、コンバインはとんでもなく「便利」な機械なのだ。機械の大きさにもよるが、何列も同時に稲を刈り取り、それと同時に藁《わら》と籾《もみ》により分ける。籾は専用の袋にザァーッと詰め込まれ、藁は一〇センチから二〇センチほどにザクザクとカットされ、田んぼにまんべんなく振りまかれる。刈り取りから、より分け、藁の振りまきがまさに同時に行われるのだ。

こんなに複雑な動きをたった一台の機械がするなんて……。何日も何時間もかけて何人もの労働によって行われてきた作業があっという間にすむ。コンバインの登場は、お百姓さんにとっては夢のようなことだったのかもしれない。

バサバサバサとコンバインのお尻のあたりから細かい藁がはき出されている様子を眺めていて、ふと福居さんの言葉が頭をよぎった。

「前は、こういう藁を根でくくったんやけど、今コンバインでバサバサッとしたの寄せて、みな家に置いとくやろー。ほと、松明にはしにくいねん」（福居寿一）

なるほど、コンバインだと藁は自動的に短くされ、その場に散布されるから松明づくりに使う藁はまた別に確保しておかなければならないのだ。

稲刈りが手作業だったときは、一束ずつ根元でしっかりとくくられる。この状態のものを乾燥させたら、そのまま松明づくりに使うことができたのだ。しかし、機械で収穫するのが普通となった今日では、長いままの藁を手に入れることは逆に手間がかかることになってしまった。

「葦《よし》」の屋根

「葦はほんでに、まぁ二本とか三本、多うても三本くらいを編んでいきます。して、ほれを、あのー、菜種終わったら、その上へ笠の分として葦をほんでつけて」（福井栄吉）

松明の天辺《てっぺん》に逆さまにすえつけられる笠の部分には葦が使われている。葦は湿地帯に群生する植物で、地域によっては「アシ」とも「ヨシ」とも呼ばれているそうだ。ちなみに、滋賀県周辺では「ヨシ」と呼んでいる。琵琶湖の周辺には葦地帯が広がっていて、船で周遊する「水郷めぐり」に訪れる観光客も多い。

「ほこの、円山の葦屋さんってたくさんあるやろ。ほれ、葦を商売にしてぁる」（南すゑ）

ちょうど、島町の南東あたりの円山町には今でも葦を扱う問屋さんがいくつかある。かつては、簾《すだれ》や衝立《ついたて》、天井の建材などに盛んに利用されていて、葦屋の数も多かったのだ。

「葦の木が多かったやろ。ほんでに大体、本家やろうが、屋根すべてが葦葺《よしぶき》でしたのは、ほとん

どでしたねやわ。それがまぁ、瓦になって来たねんけども。もううちの家でも、私はまだ葦葺の中にいたねんけんど」（福居寿一）

「私が（嫁に）来た年に壊すって言いはったんやわ、それを」（福居久）

「それまでは、あのねー、葦葺《よしぶき》やったねやわ。葦の葉、葦の木で屋根をやった」（福居寿一）

葦は、触ってみると分かるが、軽いのだが、思いのほか繊維が硬くて丈夫な素材だ。一本一本は細く、茎の中は空洞になっている。束ねて使うとかなりの強度が生まれそうだ。これだったら、雨風をしっかり防いでくれるだろう。

「ほや、円山の家、まだ一軒残ったぁる。こら昔からの家やねけんども」（福居久）

そういえば、近江八幡の駅から島町へ向かうバスの窓から「茅葺かな？」と思われるような大きくてずっしりした屋根の立派な家があって、来るたびに気になっていた。

なんでも葦は、屋根を葺くときに使うほかの植物に比べて耐久性もよく、見た目も美しいという。ほんがらの一番目立つ天辺《てっぺん》の部分に用いようと思うくらいだから、素材として適していたのはもちろんのこと、ほかの部材より貴重で特別なものであったのではないだろうか。

油と灯りの素《もと》——菜種

次に、菜種殻について見てみよう。

「菜種はぁ、菜種をとることによって、その菜種の油をとることによってね、普段の生活に使う、食に使うという、ま、そういう自給自足の時期、ま、そういう時代のなんやな。ま、今はあの、えー、たまたま菜種（殻）ちゅうようなもんは、ゆうてみりゃ、そういう菜種とかの副産物でしかないんやわ。あれはほんで、あのー、菜種をとるための副産物であって、えー、たまたま松明につこてる、松明に使わなかったら、なんの用もないもんやから、あんなもん」（三崎泰次）

ここで「菜種」と呼ばれているものは、春に黄色い花を咲かせる油菜《あぶらな》のことだ。島町では、油をとるために油菜が栽培されていた。菜種殻は、花の季節が終わって実が熟したころに刈り取って、それをパリパリに乾燥させてから種を篩《ふる》いとった抜け殻のことだ。

松明の胴体の表面は菜種殻で「化粧」をする。遠くから見ると、菜種で覆われた胴体は、ふんわりとした柔らかな表情になる。稲藁で芯となる竹部分を包み込んだ上からかぶせていくものだから、かなりの量を用意しなければならない。

「昔は菜種を収穫して、菜種の種を絞ってもうて、油をね、交換しはったんやわ。でー、こういう田舎で使う、てんぷら油とかは、みな昔、菜種油やなあれ」（三崎泰次）

かつては油をつくる工場に菜種を買い取ってもらい、製油してもらっていたそうだ。種を売って手に入れたお金で食用油や灯り用の油を買ったのである。物々交換のようなものだ。

そういえば、普段スーパーで何気なく買う植物油の原料を見てみると「なたね油」と書いてあるものがある。当たり前と言えばそれまでだが、畑で咲いている黄色い菜の花の種が油に加工されて食卓に届くのだ。その加工の作業がどのように行われるのかは想像つかないが、菜の花がなたね油のもととなるということを改めて実感した。プラスチックやアルミの容器に入って店で売っているところしか見たことのない私にとって、原材料は印刷された表示からしか目に入らない。すぐ近くに咲いている菜の花と油がつながるには、少し立ち止まって考えなければならない。

さて、この油のもととなる種をとって乾燥させた菜種殻はパチパチとよく燃えるという。これも、先ほどの菜種と油の関係にまつわる一つの事実である。

「今はてんぷらだけ、油つこてますけどね。昔は、お風呂の灯りなんか、みな種油と燈芯で、こう、ランプみたいなもんがついとったん」（雪吹良治）

「菜種油を入れて、ほれから、あれの芯はイグサや。……燈芯がイグサて知ってるやろ、この畳のね。あの、イグサのあれをずーと中の芯を出すと、燈芯の芯が出よる」（三崎泰次）

どうやら、菜種油は、食用のみならず灯り用としても利用されていたようだ。

菜種の話から脱線するが、イグサは畳をつくるのに使われる素材だ。かつて島町では、イグサの栽培が盛んに行われていた。なぜなら、このあたりでは江戸時代から昭和半ばくらいまで「近《おう》江《み》表《おもて》」と言って、日本のなかでもっとも品質が高く有名な畳表である「備《びん》後《ご》表《おもて》」に次ぐものとして生産されて市場に出回っていたのである。近江表は、近江商人の主力商品だったのだ。だから、島町では燈芯となるイグサの芯もすぐに入手することができた。

米とか野菜などを自給自足する生活はなんとなくイメージがわくのだが、灯りの原料まで自分たちで賄ってしまうとは……。「島町のなかで何でも賄える」という話が、ぐんと具体性と現実味を帯びてきた。

さて、菜種は松明に欠かせない植物だけれども、油を調達するために個人的に菜種を栽培するという時代は終わっていった。苦労なくもっと簡単に買い求められるようになったし、灯りもスイッチ一つで点灯する電気に代替されるようになったからだ。そうなると、菜の花は春に芽を摘んで食べるくらいで、ほかの野菜と大差のない作物になった。昔のように、すぐに現金収入になる作物ではなくなったのだ。だからこれも、松明をつくるために栽培し、そのために保存しておくということになった。

「藤蔓《ふじづる》」で支える

「（藤蔓は）この、松明の立てるときにこの笠を広げますやろう。この根元にくくるんですわ。ほやないと、こけた場合に危ないしなぁ。藤はまぁ、やわらかいし」（福井栄吉）

藤蔓は松明の材料としてはとても地味な部分だが、安全のことを考えると、どうやらとても大事な役割を果たしているようだ。背が高くて重量のある松明をまっすぐに立たせておくためには、松明そのものだけでは心もとない。松明の胴体に藁縄をくくりつけ、三方向から引っ張って安定させている。しかし、ほんがら松明は炎が上から噴き出す構造のため、天辺《てっぺん》の笠のあたりに初め火が点く。だから、藁縄で支えていてもすぐに燃えて切れてしまう。したがって、火に強くて松明が燃え尽きるまで切れてしまわない藤蔓を使うのである。ところが、今は藤蔓をあまり使っていなくて、番線、つまり針金のような金属性のものを代わりに用いているそうだ。

藤蔓と言われても今の生活ではあまり見かけないが、それはどこからどのようにして手に入れてくるのだろうか。

「（藤は）ここらへん、山からもらいに行きますねん。うん、どこにあるやら分からんで。あれも、太いのはぎょうさんあるけねんけど。縄くらいの細い五メートルくらいのもんをとろうと思うと、

なかなかあらしませんわ」（福井栄吉）

藤と言えば、春になると紫色の美しい花を咲かせる。藤は蔓をほかの植物に巻きつけて大きくなっていくので、山のなかで見かけるときは、往々にして立ち木にグルグルと硬い蔓をはりつけている。藤のほうが立ち木より勢力があるときは、藤の蔓が木の幹をしめつけてめり込んでしまっているくらいだ。松明を支えるために使うのはこの藤の根の部分だ。根っこも蔓状で、地面を這って生えている。なるほど、これほどの力のある丈夫そうな蔓だったら、あの巨大な松明でも支えられそうだ。ところで、この藤蔓の根をとってきたあと、どのようにして使える状態にまでもっていくのだろうか。

「藤蔓も、それで、松明を立てる、遅うても一週間くらい（前）には切りに行って。ほして、これをこう丸くしておいて、川かどっかにはめておきますにゃわ。ほやないと、上に上げたら枯れますさかいな。ほうすっと、藤のねばりがないようになるで」（福井栄吉）

「ほやから皮も、藤の皮だけ使うんやからね。（中）身が入ってあると、結ぶのに、結べへんで。で、皮だけやったら、水に漬けておくと剝《は》ぐのも剝《は》ぎよいから」（松村昭二）

実は、かつて藤蔓は暮らしのなかで頻繁に登場したという。繊維が強くて、引っ張ってもねじってもまったくちぎれる気配がない。だから、縄として使ったり、籠を編んだりしていたのだ。今と違って、日常生活のなかに取り入れられていたから、山に藤蔓をとりに行く人も少なからずいたという。

先ほど、よく山のなかで藤の花を見かけると書いたが、以前は花を咲かせる前に人が生活のために蔓《つる》を採取していたため、それほど藤の開花は見られなかったという話も聞く。それだけではない。山の木を木材として育て上げるために人が山に入って定期的に管理をしてきたわけだが、そのときの作業の一つとして「蔓切り」という工程があった。そのため、蔓は木からはがされて切られていたのだ。

切られてしまうとはいえ、生命力の強い藤蔓はまた生えてくる。日々、人々によって蔓は大いに活用されていたときは山中での再生もまた早かったのだろう。今でこそ、山に蔓をとりに行く人がほとんどいないから、かえってすぐ使うのに適当な太さや長さのものが見つかりにくいのだ。手入れしつづけていたほうが、思うようなものを手に入れることができるのである。

菜種や稲藁は、その栽培から松明への利用方法までを伝承していくことはそう難しいことではないが、藤蔓については、どこからどうやってとってきて、どのように加工するのかということはすぐに伝えられるものではない。普段、山へ入らない私たちは、まずは山への入り方から教えてもらわなければならない。

松明に収穫の感謝を込めて

竹、菜種殻、稲藁、藤蔓、葦……松明に必要な材料を見返してみると、どれも日常の生活で身近なものとして使われてきたものばかりだ。ただ単に、身近にあるものを組み合わせて松明がつくられる、と言えばそうなのかもしれないが、一年に一度だけ神様に奉納する松明にはもっと深い思いが込められているのかもしれない。

「田んぼに使う竹を松明とかそういうものに使うというのは、そういう取り入れとか、そういうことに対する感謝の気持ちやろなぁ」（雪吹三郎）

「そやろうなぁ、よう考えてらんにゃで、昔のやり方は」（雪吹良治）

「あーやって、こうリサイクルを、やっていたわけやさかいなぁ」（雪吹三郎）

収穫に対する感謝。すべてのものを大切にし、最後まで使いつづける。聞き慣れた「リサイクル」という言葉が新鮮に響いた。

主食となる米の副産物とも言える稲藁。それは姿を変えて、藁縄やむしろ、米俵、はたまた畳などとして暮らしの隅々にまで行きわたっている。その稲の乾燥に欠かせないはさ竹は、米づくりをしている人なら誰もが持っていた。何年も使ったあとには、捨てるのではなくて次の役割として松明の芯となる。

菜種は、灯りにもそして食用の油にもなる。その種をいただいたあとの殻が、松明の一番表面を覆う「化粧」となる。藤蔓は、ほかにはなかなかない強力な繊維。ものを縛りあげたり、編みこんで籠にしたりして、その丈夫な性質はかつてから好まれていた。そして葦も、簾や屋根材として生活の場を支えてきたものだ。

こうしたものを松明の形に仕立てあげ、火をつけ、一年の実りに対して感謝を示す。それと同時に、これからの一年の豊作を祈る。松明を奉納するという習慣は、自然とともに生きてきたこの農村地域でごくごく自然に生まれたものなのだろう。「ここでの暮らしをこれからもお守りください」という切実な願いとともに氏神様に捧げるふさわしいものとして、松明はつくられてきたのである。

第5章

ほんがら松明のつくり方

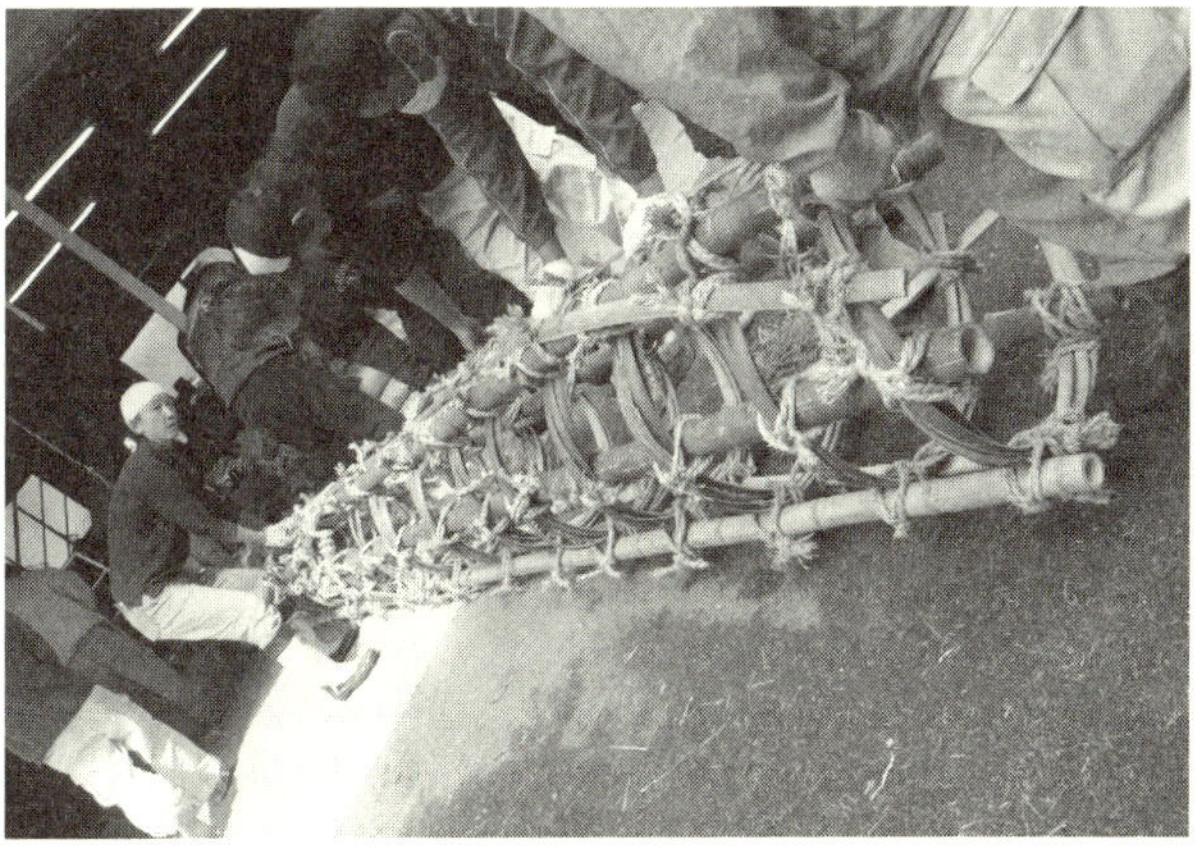

ほんがら松明の芯

一年かけて材料調達

およそ五〇年ぶりに松明を復活させることが老人クラブで決まってから、そのメンバーは材料を手に入れることから活動を開始した。「ほんがら松明」と「どんがら松明」に用いるものはまったく同じなので、ほんがら松明を復活させるからといっても素材そのものの入手は難しいことではない。

ただ、毎年つくることが慣例化しているどんがら松明については、すでに各組がそれぞれ必要な材料を確保することが習慣となっている。よって、新しくほんがら松明を一本つくるための稲藁や菜種殻は、老人クラブが独自に準備しなければならなかった。

ほんがら奉納は四月二一日。ほんがら松明の復活に向けて、老人クラブのスケジュールは材料調達のための作業と準備で埋まっていった。その様子を以下で見ていこう。

菜種植え付け――一一月から一二月

菜種の植え付けは一一月から一二月ごろにしなければならない。このときに植えたものが半年後の五月に収穫できるのだ。しかも、収穫してからさらに一年弱は乾燥のため保存しておかなければならない。つまり、二年がかりの栽培計画が必要となる。だから、復活一年目は、そもそも発案した時点で菜種の植え付けの時期はすぎていた。

どうにかして、ほんがら松明に欠かせない菜種殻を手に入れることはできないだろうか……。松明づくりに必要なのは種をとったあとの殻だけだ。大量に菜の花の栽培をしている所はどこかないだろうか……。

老人クラブとひょうたんからKO-MAのメンバーがともに頭を悩ませていたとき、「菜の花エコプロジェクト」に思い当たった。旧愛東町ではじまって、すでに全国的に有名になっているプロジェクトだ。

これは、現在の東近江市にある旧愛東町で琵琶湖の水質を守ろうという活動からはじま

コラム　菜の花エコプロジェクト　転作田に菜の花を植え、菜種を収穫し、搾油してなたね油に。そのなたね油は料理や学校給食に使い、搾油時に出た油かすは肥料や飼料として使う。廃食油は回収し、石けんや軽油代替燃料にリサイクルするという、一連の循環サイクルを推進するプロジェクト。琵琶湖の赤潮が深刻化した1986年に廃食油を回収して石けんをつくるという「廃食油のリサイクル」運動が県内で開始されたことがきっかけ。現在は、日本全国で菜の花エコプロジェクトを実践している人や団体のネットワークが構築され、運動は広がりを見せている。

（写真提供：あいとうエコプラザ菜の花館）

ったものである。このプロジェクトでは、育てた菜の花の種から油をとって食用油として利用している。さらに、食用で使ったあとの廃食油をバイオ燃料として再利用していくことで、循環型の社会を実現させようという構想を掲げている。

このプロジェクトでは、菜種は使うが、その抜け殻はとくに必要としないはずだ。だったら、殻だけなら譲ってもらえるのではないだろうか、と思いついたのだ。

早速、ひょうたんからKO-MAの中川が愛東町へお願いに行った。予想通り、種をとったあとの殻はこれまでほかに使い道がなかったので、この申し出は快く受け入れられた。それだけではなく、「地域の祭りで活用したい」と言ったところ、これまで用途のなかった殻に文化的な価値が付け加えられるということで高く評価されたのだ。その結果、ほんがらのために菜種を刈り取らせてもらって殻をもらうことができただけでなく、なんと、その年に行われた「菜の花学会」で、このほんがら松明復活への取り組みをひょうたんからKO-MAが発表することになったのである。これまた、「瓢箪から駒」のような出来事であった。

こうして、無事に一年目の菜種入手の課題は乗り越えられた。

ほんがら松明復活の二年目はというと、南組が自主的にほんがら松明をつくることになった。老人クラブの人々の思いを受けついでいこうと考えたのだ。だから、すでに毎年どんがら松明のために南組がつくっていた菜種を、そのままほんがら松明に活用することができたのである。

田植え――五月

四月に祭りが終わって、一か月も経たないうちに田植えの季節がやって来る。五月、ゴールデンウィークになると島町の田んぼは一斉に田植え作業に入る。とくに、兼業農家は、この休みの間に家族中を集め、一気に田植えを終えてしまおうという計画だ。

島町の各組も、こうした農家が育てる米の稲藁を松明に使うことになっている。だから、あえて松明づくりのために米づくりをするわけではない。その地域でとれるものをうまく利用して松明はつくられていくのである。

菜種刈り――六月

松明奉納までまだ一〇か月ほどあるが、松明の材料調達は進められていく。

「ヴィーン　ヴィーン　ヴィーン」もう黄色い花も散り、種の袋がパンパンに膨らんだ油菜を刈払い機で根元から刈り取っていく。たわわに実った菜種で、頭のほうがずっしりと重たい。刈ったのは束ねて紐《ひも》でくくりあげる。刈り取った菜種の束は積み上げられ、その上から雨があたらないようにビニールシートやトタンなどでおおいがされる。毎年、この季節からかさ高く積まれた菜種殻の山を町内の至る所で見ることができる。

菜種もみ――七月

収穫のときには青々としていた油菜は、一か月ほどするとすっかり水分が抜けて薄茶色になった。種は採取して、松明には殻だけを使う。種で膨らんでいる束の頭のほうを棒でばさばさと叩くと、黒い小さな種がバラバラと出てくる。次に、大量にとれた種と殻をより分けていく。

「ガラガラガラ　ガラガラガラ　ガラガラガラ」

復活一年目は老人クラブのメンバーが唐箕《とうみ》[1]を使ったが、最近では、ほとんどの組がもう少しシンプルな構造となっている「通し」という道具を使って小さな種とゴミをより分けている。毎年、町内でつくる菜種のうち、一部を次の年の作付けに回し、その残りのほとんどをJAに買い取ってもらっている。だから菜種は、毎年、育苗からはじめる。種がきれいにとれた殻は、倉庫に保存して

菜種と殻をより分ける（写真提供：ひょうたんからKO-MA）

次の春を待つのだ。ちなみに昔は、どこの家にもあった蔵や屋根裏に保存していたという。

稲刈り・はさかけ――九月

まだまだ残暑が厳しいころ、帽子をかぶり、首にタオルをしっかり巻いて稲刈りの作業が行われる。穂はしっかりと実り、重たくて首を垂れた稲を鎌で順番に刈り取っていく。

「ザック　ザック　ザック　ザック」

復活一年目は、コンバインではなく手で刈り取った。ちなみに、松明づくりに適しているのは長めの藁という。宮組では、普通の米より背が高くなるもち米の藁を使うことにしている。巨大な松明をかたどるには、少しでも稲藁が長いほうが都合がよいのだ。刈った藁は、菜種と同じように根元でぎゅっと束ねる。一年目は、この状態でコンバインを通して脱穀だけは済ませることにした。米を取り去った藁束は、乾燥のためにはさかけをする。

ここで登場するのが「はさ竹」だ。刈り取りの終わった田んぼに竹を組み、はさかけをして稲を乾かす。根元を上に、穂を下向きにして引っ掛ける。電気で乾燥させる機械がなかったころははさかけは当たり前だったが、今は松明をつくるために必要な分だけを自然乾燥させている。

（1）脱穀したばかりの籾と、藁やゴミ、実の入っていない空籾や籾殻などとを選別する道具。風の力を使ってより分けるもので、主に稲作で用いられていた。

竹切り――一〇月

竹を切る季節がやって来た。なるべくまっすぐに長く伸びたものを選んで、ギコギコと切っていく。一歩藪に足を踏み入れると、そこらじゅうに竹が生えているから材料調達にはあまり困らないようだ。竹藪に行きさえすれば生えているとはいえ、先にお話したように、竹を切るのには適当な時季がある。それは一〇月一一日ごろだ。この時季の竹には、水分が普段より含まれていないために虫がつきにくく、カビが出にくいのだという。そのタイミングを逃さないのがポイントだ。

芯に使う竹は、だいたい同じ太さ、同じ長さのものを切り取る。全部で六本必要だ。そのほかに、ほんがら松明ならではの輪っかにするための竹がいる。竹の太さにもよるが、一本の竹を四本から六本に割いて輪づくりをする。島町の山裾には竹林が至る所にあるので、輪づくりの途中で竹が足りなくなっても、すぐに伐採しに行くことができる。

藤蔓《ふじづる》とり――三月

松明結いの日が近づいてきた。だいたい一週間以上前に、山へ蔓《つる》をとりに行く。山肌に這いつくばって生えているから、順に鎌ではがしていく。とったあとは粘り気がなくならないように、そして燃えにくくするために池のなかに浸しておく。

一年目は、老人クラブのメンバーが集まって行った輪づくりの日に、造園業を営んでいる門野さんが大嶋・奥津嶋神社の裏山で蔓をとってきた。そして、神社の境内にあるため池に浸して水分を含ませていた。

ほんがら松明を結う

こうして、一年を通じて材料を順番に調達していく。さてここからは、松明づくりの過程を見てみよう。

輪づくり・芯づくり——二月

「昔はね、このあたりは雪がよう降ったで。ちょうど、獅子舞に雪降りや。すると、だんだんと雪が、ときどき降りよるで。山仕事がその時季休みやったさけ、ほれから、大体、四月の祭りまでに、ほの輪を、輪ちゅうか胴をこしらえてたもんや」（松村昭二）

一月後半から二月にかけて雪が降りはじめる。島町は、近江八幡のほかの地域に比べても雪の多い所だ。話によると、琵琶湖のほうから吹いてくる北からの風が島町をぐるりと囲む山塊にぶつかって、ちょうど山のくぼみになっている島町にどっさりと雪が降り積もるのだ。昔よりだいぶん暖かくなったとは言うが、ここ数年のうちでも毎年一度は数十センチほど積もり、すぐには溶けない。じわりと土に染み込んだ雪解けの水が、夏に注ぎ出る湧き水に変わる。

雪や雨のときは、山中での作業は危険をともなうのでお休みだ。そのときにみんなが集まって、松明の一番大事な芯の部分をつくっていたのだ。この時期の恒例行事のようなものだ。

さて、島町には芯づくりのほかにも二月に習慣となっている催事がある。毎年二月、伊勢神楽(2)の一団が訪れるのだ。その来訪は、二月の冬の寒さを語る風物詩のようになっている。

「うちは、山本源太夫っちゅう。全国歩いてんねんけどねー」

毎年、伊勢神楽が島にやって来たときに食事の世話をしている福居寿一さんがそう教えてくれた。

伊勢神楽は、江戸時代、お伊勢さんに直接詣でられない人のために神楽奉納を行ったのがはじまりと言われている。「ヒュルヒュルヒュル」、「ドンドンドン」と横笛と

2月に訪れる獅子舞の一団(写真提供：福居寿一氏)

太鼓のリズムに合わせながら、獅子が頭を大きく振りながら威勢よく踊り舞う姿はいかにも縁起がよい。

伊勢神楽にはいくつかの組織があるが、島町を訪れる山本源太夫らの一団は「宗教法人伊勢大神楽講社」と言い、国指定の重要無形民俗文化財を受けている。伊勢大神楽講社には六組の神楽団があり、それぞれが「檀那場」という御札を配りながら全国の家々を回っていく。つまり、伊勢信仰の信者たちを順番に訪れているのだ。毎年、島町には二月にやって来ている。

「去年あたりは、『こうして手料理でよばれるのは、もうお宅だけぐらいになってきた。それが楽しみや』と言うてました。ほかんとこ行くと、幕の内（弁当）がほとんどやと」（福居寿一）

福居さんの奥さんは、自分でいろいろと料理をつくるのが好きで、普段でも三色団子やお餅、そしてこのあたりの伝統食で鮒とお米と糀《こうじ》を混ぜ合わせて漬け込む鮒鮨(3)をつくることもあるという。

「『今年もひとつ、（食事を）よろしくお願いしますわー』って言うて、大神楽ん方から（連絡が）来るねやわ。ほでまぁ、異常なければ、『さしていただきますわー』ちゅうことで、もう黙って

（2）獅子舞をしながら檀那場《だんなば》に神札を配布して回る人々のことで、彼らの行う芸能の総称でもある。神楽団は各戸で竈祓《かまどばら》いを行う際に獅子舞を舞う。

（3）フナを使ってつくる「なれ鮨」のこと。滋賀県の郷土料理で、琵琶湖の固有種であるニゴロブナが用いられる。

たら、（食事の用意を）してもらえると向こうは思ってるねやわ」（福居寿一）
「やー、今年も帰りに、『来年もまたしてくれるかー？』ちゅうてして帰らはった」（福居久）
隣の集落にも伊勢神楽が回るそうだが、手料理でもてなすということはもうなくなってしまったそうだ。
「ずーっと昔から同じ人がずーっと、今のこの大神楽のこのお世話をして来たんやけんど、みなやめてしまうねや。『もう若い子にかわいそうや』ちゅうてな」（福居寿一）

伊勢神楽が笛や太鼓を鳴らしながらやって来ると、村の子どもたちが周囲に集まってその舞う姿を一心に見つめていた。村の家々を回る道中、子どもたちが神楽団のうしろにくっついていく。一年前は幼子だったのが、たった一年でずいぶん成長しているなと思いながら団員は舞をつづける。昼になると、毎年、決まった家で手料理が振る舞われる。彼らの存在は村中を賑々しく明るくし、次の年にまた変わらず会えることを楽しみにその村を去っていった。

かつてあったそんな雰囲気が、今ではあまり感じられないという。獅子舞を見に集まってくる子どもは、今、ほとんどない。そして、手料理でもてなすことも。「自分がまだ健康な間は、食事を出しつづけたい」と言う奥さんの言葉が私の心に深く残った。

こうした獅子舞の鮮やかな舞や、つい体を動かしたくなるような軽快な音楽が村に鳴り響くこの季節に、もくもくと芯づくりをする男たちがいた。

戦前、ほんがら松明がまだつくられていたころは、だいたいどの家にも農具や農作物などを保管しておく小屋があった。それらの多くは使われなくなって今は姿を消してしまったが、かつてはこうした場所がほんがら松明づくりの作業場だったのだ。今日は雪だからと、外仕事のできない日には集まってこうした祭りの準備をしたのである。

まずは、竹を割く作業からはじまる。それに使うのは、円形の鉄に二つの取っ手がついていて、そのなかに十文字に鉄が張ってある道具だ。竹の根元部分の円の中心に十字の中心が来るように置き、取っ手をしっかりと握って体重をかけながら自分のほうに引いていくと「シャーシャー」と竹が割けていく。慣れればそれほど力はいらないらしい。

一本の竹がこれで四本に割けた。それでもまだ輪をつくるには太すぎるので、今度は鎌を使ってさらに細かく割いていく。だいたい、幅を三センチから五センチくらいにするのだ。そして次に、細くした竹をしならせながら輪の形をつくっていく。まず、竹を一周させて輪にし、竹の余った分を輪の上から下から順に編み込んでいくことで頑丈な輪をつくっていく。これにはちょっと力がいる。

「七寸や八寸。（輪が）あんまり細いとあかんのや」（福井栄吉）

「あかん。回りぬくいし。ほで、真ん中のはあんまり太いとあかん」（松村昭二）

竹を割く作業

輪を均等に並べる

一寸は三・〇三センチだから、七寸や八寸といえば二一センチから二四センチくらいだ。輪は、これより小さすぎても大きすぎてもいけない。そして、太すぎるとほんがらの胴体が必要以上に膨れあがってしまうのだ。

さらに、骨組みとなるこれらの輪は少しずつ違う大きさにしていかなければならない。松明の足元部分に来る輪が一番太いもので、胴体の真ん中あたりは中くらい、一番上はもっとも直径の小さい輪っかを使うのだ。とはいえ、厳密に大きさを変えてつくっているわけではない。

「不揃いで、その場でやりまんのや。できあがったもんをこう重ねてみて、あ、これやったら下のほうがもうちょぃ小さいな、これ上あげて、入れ替えしてな、最後は一本の竹に並べてみるんや」（福井栄吉）

それぞれがつくったものを太さの順に並べていくのだ。「こっちが大きい」、「いや、こっちのほうが大きい」と、互いになんだかんだ言い合いながら一本の竹に一つずつ輪を通していく。

「ほでこう、間隔は一尺ぐらいの間隔で、だーっと並べんにゃわ。ほでもう輪ぁが、二〇本か三〇本くらいいるやろなぁ。一本しよと思たら」（福井栄吉）

「まぁ、これが何間《なんげん》の高さに、長さによって、まぁまぁ、今でいう何メートルや、何メートルもあるもんをするさけーに、輪ぁの数が決まっていきよんにゃ」（松村昭二）

一本の竹に輪を通し、一尺、すなわち三〇センチほどの間隔を空けて輪を並べていく。その後、輪と竹をそれぞれ藁縄で結びつけて固定する。それが終わると、さらに二本の竹を輪に通し、竹と輪っかがそれぞれ接するところを縄でくくりつける。そして、輪の外側から内側に通した竹と重ならないように三本の竹を固定していく。つまり、一つの輪は内側三本、外側三本の合計六本の竹と固定されることになる。たとえば、輪が二〇個あった場合は、六本の竹に結んでいくので、くくりつける作業は二〇個×六本＝一二〇か所となる。

男結び

さて、ここでポイントとなるのが「男結び」だ。これができないと松明づくりができない。

かつて青年団がほんがら松明をつくっていたとき、その結び方を先輩たちからしっかりと叩き込まれたという。きちんと男結びができないと、うまく締まらずに松明全体がフラフラしてしまうため、とても大事な作業なのだ。調べてみると、この結び方は島町だけで継承されてきたものではなく、昔からほどけにくい結び方として多くの場面で使われてきたようだ。

「男結びはもう、本当に上手に締まるようになろうと思たら、昔の米俵をね、米俵をつくらんことにはできねん。うん」（雪吹三郎）

「米くぐりせな」（雪吹良治）

「でー、今は米ゆうたら紙の袋に入ったるけども、昔は、ほで、『水戸黄門』やらで見ると俵が

こう積んでるやろ。あの、俵がくくれんことには男結びはできひん、うん」(雪吹三郎)

かつては、米を入れる俵を自分の家でつくっていたというが、その米俵をつくるときには男結びが欠かせなかったのだ。また、男性用の着物の角帯にも用いられている。米俵をつくることも、着物を着ることも少なくなってきたので、その方法を正しく記憶している人はあまりいないという。

こうして竹と輪を男結びでしっかりと固定し、できあがったものが松明の骨組みとなる。

「(小学校)一年生や二年生のころな、『おい、ぼん、入ってみぃ』ゆうてな、若い青年団の人に。ほと、面白いで入ってみぃと。ほと、ちょっと細うしとかはると、上出られへんねや。はっはっは」(松村昭二)

この芯は空洞になっているから、子どもたちが

松明づくりに欠かせない男結び

ハイハイをしながら中を通って遊ぶこともあったのだ。雪が降る寒いなか、若者衆が集まって芯づくりをしている周りで、小さな子どもたちがはしゃぎながら芯の完成を待っている。そんな光景が目に浮かんでくる。

「あれほんで、間隔と、土台の太さやな」（福井栄吉）

「うん、あれが難しい。それで、子どもが、ちっさい小柄の子が入れるぐらいの周りにせなあかん。ほれ以上いこう（大きく）したらな、立たへん」（松村昭二）

土台になる一番下の輪が小さすぎると立たない。かといって大きくしすぎると、その上に被せる藁を大量に準備しなければならなくなる。また、上のほうの輪が大きいとバランスが悪くなってやはり地面に立たない。何とかうまく立たせられるよ

子どもがほんがらの芯に入って遊ぶ（写真提供：ひょうたんから KO-MA）

うに調整をしていく。手順を踏みさえすれば簡単につくれてしまうものではないところが、松明づくりの醍醐味の一つかもしれない。

この芯づくりが、「どんがら松明」にはなくて「ほんがら松明」にある独特のものだ。こうした手間暇のかかるほんがら松明づくりは、雪降りの日にみんな仕事が休みになるということがあった時代だからこそ毎年つづけることができたのだろう。それとともに、若者らが一堂に会していっしょに作業することは娯楽の一つだったのではないだろうか。私は彼らの思い出話の向こうにある風景を想像しながら、かつての暮らしに思いを馳せていた。

四月上旬

若宮神社の春の例祭は四月の第三日曜日。その前夜に宵宮祭が行われ、松明を奉納する。

ほんがら松明が復活するまでは芯をつくる必要がなかったので、四月上旬の休日一日だけ組ごとに分かれて松明結いをしていた。「どんがら松明」と「ほんがら松明」は、外見はあまり変わらないが、これまで触れてきたように、ほんがら松明をつくるのにはかなり余分に時間がかかるのだ。そう、どんがら松明づくりは一日で終わるので、この忙しい時代のなかでも何とかつづけることができたのだ。

さて、四月上旬の松明結いは町内で一斉に行われる。この日は、島町の男性らが外で松明を結い上げるために組ごとに集うので、普段と違って賑やかで活気ある雰囲気となる。

ブォーっとエンジンをふかしながら、松明の材料をいっぱいに積んだ軽トラが村中を走り回る。七メートル以上ある長い竹を荷台に積み、一人が荷台に乗って竹を押さえながらそろそろと運んでいく。大量の稲藁や菜種殻もようやく出番が来ましたというように、ゆっさゆっさと軽快に作業場所に運ばれていく。

運ぶのが一番大変なのはほんがら松明の芯だ。これ以外は、前もって組み立てることもないしあまり重くないので、個々がそれぞれ担当したものを集めてくればよい。しかし、ほんがら松明の骨組みは、トラックの荷台に何人かが乗り込んで支えながら運ばなければならない。

作業に出るのは男性ばかり。作業着をまとい、軍手をつけて、さあ松明づくりのはじまりだ。組によって、どこに注力するかが違うようだ。その年に松明づくりに参加する人によるのだろうが、ていねいにじっくりと見栄えの美しい松明をつくる組や、背が高く胴体の太い巨大なものをつくる組、はたまた、とにかくスピード勝負のごとく、早く完成させて境内にいち早く立てる組などだ。

それぞれつくっているときの雰囲気も、おしゃべりしながらのほほんと楽しんでいる組、もくもくと作業に熱中している組などさまざまだ。四月のポカポカしたお天道様の光のもと、村の男らが集まって藁や竹などを手で結い上げていく様子はこの島町の土地にいかにも馴染んでいて風景の一部となっている。男性が作業をして、お昼には女性が食事や飲み物を準備する。お昼休み、みんなでブルーシートの上に座ってごはんを囲んでいると、まるでピクニックをしているようだ。

私は、お湯呑みやポットを持って家と作業場所を往復していたある女性に「松明づくりに参加しないのですか」と聞いてみた。すると、「女は松明に触ってはいけないんだ」と教えてくれた。そういえば、松明づくりには男性しか参加していない。近江八幡駅に近い旧金田村から島町へ嫁入りした南すゑさんは、こういった習慣は島町にかぎったことではないと、故郷での思い出を語ってくれた。

「私も、(金田村に住んでいた)小っちゃいときに、ほんなん、言われとくの、染み付いているもん。あのねー、子どものころに、松明つくってはるとこ遊びに行ってたんや。ほいて、こう縄が、藁縄がこう、ほこら散らばってるやろ。ほれ、またいでも怒られた。『ほんなん来たらあかん』たら『ほんなんまたいだらあかーん』ちゅうて。女はほんだけ、汚らわしいよに思われてたんや、昔は」

松明に触れることも、松明の材料をまたぐことも許されない、女人禁制の世界がここにはあるという。日本のさまざまな信仰のなかで、女性の参加を禁止するものは少なくない。山の信仰では、山の神様は女性だということから、同性である女性が山に入るとお怒りになるという話をよく耳にする。また、女性の妊娠・出産、そして月経などの時期は「忌み」と言って、寺社に足を踏み入れることさえできないという習慣の所もある。

島町では、祭りの松明をつくるのも祭りを取り仕切る役員も、そして太鼓や神輿を担ぐのも、さらにはお稚児さんに至るまで、男性のみに与えられる役目である。それは昔からずっとそうであって、今にまでつづく風習なのだ。

だから、島町に長い間住んでいるけれど、「全然、ほの、ほんがらって、ほんな松明があるのも知らんかったわ、今まで」と言うおばあさんもいた。松明に触れることもできなければ、当日火を灯すのも男性の役割だということを考えれば、ほんがら松明とどんがら松明の違いがすぐに分からなくても不思議ではない。外から見た姿形はあまり変わらないため、真ん中の芯をつくるのに時間がかかることや、祭りのときの火のつけ方が異なることなどは、実際につくる作業にかかわっている人にしか分からないだろう。

出来栄えの違いがあまりないのに、手間も時間もかかるほんがら松明。それでも老人クラブのメンバーは、ほんがら松明をもう一度つくろうと腰を上げた。ただ昔のものを懐かしんで再びつくってみようというだけでなく、そうするだけの理由と魅力がほんがら松明にはあるのだろう。

私は、ほんがら松明づくりから奉納までの一部始終を見ていて、ほんがら松明のもつ力を少しずつ感じはじめていた。

松明結い（その一）――下地づくり

どんがら松明とほんがら松明は、芯の部分以外のつくり方はほとんど同じだ。ただ、ほんがら松明は竹で組み上げた骨が中に入っているため、それを覆っていく稲藁や菜種の材料をよりたくさん用意することになる。つまり、どんがらと比較してほんがらのほうが最終的に太くてずっしりとした松明になる。

さて、初めからそのつくり方を見ていこう。ちなみに、松明の結い方は個々人の記憶のなかにあるもので文書で残されているわけではない。だから、これが正しいとか、伝統的などという固定されたものではなく、細部では意見の分かれるところもある。

「競争や、ほて。ゆうのね、松明つくるのは、競争やぁ。ほんでもう、ここ、こうやって下手にしてったら、ぼやかれんならん……喧々諤々《けんけんがくがく》、みんなやりよるで。銘々の意見がありよるで」（雪吹良治）

青年団でほんがら松明をつくっていたときも、グループによって多少つくり方は違ったようだ。いかに見栄えよく、しかもいち早く完成させるかを競い合っていたのだから、年々工夫を凝らしていったのだろうとも想像できる。まさに、グループごとの知恵比べだ。

ここでは、ほんがら松明復活の発案者である老人クラブのお二人、松村昭二さんと福井栄吉さんのお話をもとにつくり方を紹介していこう。

まず、一年以上かけて準備してきた稲藁、菜種殻、葦、藤蔓、藁縄、竹など必要な材料を揃える。これらが一堂に会すと、改めて「松明結いのはじまりだ」という雰囲気が漂い、静かにも男衆の気合が感じられてくる。

さて、横に寝かせた松明の芯に、根元にする太いほうから順番に稲藁を被せていく。コンバインでブツブツに刻まれた稲藁ではだめで、長いままのものしか使えない。

「その（芯の）上に藁をつけんにゃけども、その藁を一把《いちわ》ずつにせんと、六把を一くくり、二〇センチくらい上がったところで、一くくりにして、ほれを二回。最初まぁ、いっぺん、六把を合わし

藁を巻き付ける作業（写真提供：ひょうたんから KO-MA）

たやつをくくって、ほで、もう一回、このくらいの大きさにくくって、ほれを一番土台にして」（福井栄吉）

一把はだいたい片手でつかめるくらいの太さで、稲藁の根のほうから二〇センチくらいのところで縛ってある。それを六つ合わせてさらに束ねて太くする。この一くくりの稲藁を、芯に対して平行に並べていく。そのときに、束ねてある稲藁の根のほうを松明の下側にする。

隙間ができないように、稲藁の束で胴をぐるりと一周覆ったら、藁縄をその上から胴体を巻きつけるようにギュッと縛り付けたところで一段目の第一面の完成だ。さらに、今度は五把から六把ほど束ねた藁縄を、第一面の上から同じように被せていって第二面をつくっていく。こうして土台の一段目が完成するのだ。一段目の藁を被せるときに注意しなければならないことは、芯となっている竹が外から見えないように、すき間なく完全に藁で覆い被せることである。これは、火付けの成功を左右する重要なポイントだ。

「ほの上を、（六把から）四把か何か、おとしていって、だんだん上に行くほど、藁の少のう、少のうして。ほで、こう、格好をつけます。ほで、まぁ、何て言うのかなぁ。この藁をつけたときに、このときは、こかしてやりますさけぇに、ゴロゴロとこう転がして、まぁ、まんべんなく格好をつくりながら上へ上へ上がっていくんですわ」（福井栄吉）

二段目からは、だんだん胴体を細くしていくために四把で一くくりにして細くしたもので芯を覆っていく。三段目までは、一段目と同じように第一面よりも少ない把数を束ねた藁縄で第二面を被せるが、三段目以降は一把ずつ「バラ藁」で覆っていき、縄で縛りつけていく。この作業は、胴体を転がしながら一周すべて藁縄を被せていくのだ。それを繰り返しながら松明の形をつくっていき、天辺《てっぺん》のほうまで進めていく。

「上になったら、こう、台をこしらえて、途中で台をこしらえて、はすかいに松明をして藁をつけていきます」（福井栄吉）

最初はゴロゴロと芯を地面に転がしながら藁縄を覆っていくが、上のほうになると芯が細くなるので、脚立などを持ってきて胴体を斜めに立てかけて作業をする。こうして、胴体の下方の七割くらいを藁で覆う。七割を藁で覆ってその上の三割はどうするかというと、最終的には葦を被せる。松明を人の体にたとえると、ちょうど首のあたりまでが藁となる。

さて、米づくりの盛んだった島町では、昔は自分たちの手で稲藁で米俵をこしらえていた。その米俵に使う「薦《こも》」と言われる筵《むしろ》は、上方の三割を覆う藁の下地として使われていた。筵はあまり空気を通さないため、松明の中心の空洞を炎が通っても外に火が噴き出すこともなくスムーズに炎を天辺まで上げることができる。

松明結い（その二）――化粧する

さて、下地がだいたいできてきたところで今度は上から「化粧」をし、松明の姿をより優美に仕上げていくことになる。ここから、菜種殻の登場だ。

「だいたい藁で……まぁ、七分目くらいまで段が、段て、何ていうのかなぁ。この段々上に行くほど細くなるやつをこしらえて、今度は菜種をつけるときに、その菜種の、直接につけるのやなしに、この菜種の下に藁を一把か二把かつけて、ほして、その格好をよくして、こう、段々、上へいくほど、藁を少のうして、菜種だけでいくように」（福井栄吉）

ここでも稲藁が用いられる。松明の胴体に見栄えよくつけていくための調整役として使われるのだ。ボリュームが足りないときに、稲藁を菜種の

菜種殻で「化粧」をほどこす（写真提供：ひょうたんからKO-MA）

下につけて胴回りの太さを整えていく。

「段がよく目立つように藁を足していく。それだけに、菜種がようけいいりますさけぇにな」（松村昭二）

稲藁ですでにつくった段をより強調するように、その一段一段のちょうど真上から菜種殻を被せて縄で胴の一周を縛っていく。菜種殻はパリパリと乾燥しているので、稲藁のときのように地面にゴロンとするわけにはいかない。菜種殻が潰れてポキポキと折れてしまうため、脚立を台にして、そこに斜めに立てかけて菜種を覆う作業を進めていく。

菜種殻は、遠くで見るとふんわりとした綿《わた》のようにも見える。これで表面を覆っていくのだから、松明は全体として柔らかくやさしい表情になる。この作業が終わると、ようやく松明のおまかな形が見えてくる。人の身体にたとえると腰から下半身にかけての部分で、フリルスカートを履いているような印象だ。

さて、菜種殻で化粧をしたあとは、葦を使う工程に入る。松明の「首」のところを形づくっていくのだ。

「ほんで、葦はほんでに、まぁ二本とか三本、多うても三本くらいを編んでいきます。して、それを、あのー、菜種終わったら、その上へ傘の分として葦をほんで、つけて。まんべんなくこう、ひねれんように」（福井栄吉）

葦は、身近なところでいうと葦簾《よしず》の材料として用いられるもので、わりに硬く、繊維が丈夫な植物だ。だいたい、三ミリから五ミリくらいの太さになるが、これを二本か三本くらいずつ束ねて縄で編んでいく。それを、筵《むしろ》の上に巻いていくのだ。このとき、葦が一本一本まっすぐ並んでいないと見た目が悪い。斜めに傾いていたり隣同士の葦が重なっていると美しく見えないのだ。ここは、ていねいに整えながら巻いていくことが重要となる。

三メートル強くらいの長さの葦を首部分に巻きつけたあとは、上から一メートルくらいのところですべての葦を思い切ってポキッと順に折り曲げていく。

「笠の部分を広げるところを、今度は水で濡らしますねん。ほうすると、葦を折るときに水気がな

葦を折り曲げて杯の形にする（写真提供：ひょうたんから KO-MA）

いとパチンと折れてしまうで。ちょっと長持ちするように、こう、ちょんちょんと叩いて、ほしてこう葦を折って、笠を広げて」（福井栄吉）

葦の繊維に水をつけて少し柔らかくすることで折れにくくなるという。無理やり力を加えるのではなく、その植物の特性を生かして使っている。そして、葦を折る角度や形状については次のように説明をしてくれた。

「ちょっと、杯のような格好にするほうが格好ええ。松茸の開いたように、バサッとこうまっすぐになっとると格好が悪いから。杯のように、ちょっと……」（松村昭二）

「受けとるほうが格好がええ」（福井栄吉）

折り曲げたところから上方を空に向けて広げ、杯《さかずき》のような形にする。曲げたときに、「松茸の開いたように」広げすぎないようにすることがポイントのようだ。これが松明の天辺《てっぺん》の笠の部分になるのだから、美しさが問われるところだ。「こうしたほうがいい」、「ああしたほうがいい」とお互いの思いをそれぞれに話しながら、最終的な形が決まっていった。だから、完成する松明は毎年同じ形にはならないし、つくるグループによっても個性が出てくるのだ。その違いがまた面白いという。

この葦を曲げて広げてつくった杯状を固定するために使われるのが竹である。細く割いた竹を、しなりを生かして一重の輪をつくる。さらに、割き竹で十字をつくって円の内側にとりつけて固定する。こうしてつくった部材を曲げて広げた葦の内側に入れ、葦と輪を結いつけていくのだ。これが、杯の形を維持するものとなる（一五一ページの写真参照）。

松明結い（その三）——仕上げ作業

さて、ここまででかなり松明の形が固まってきた。竹で土台をつくり、稲藁で肉づけをし、そして菜種や葦で化粧をする。一晩で燃やし尽くしてしまうものにしてはなんとも凝った造りだ。

ここから、徐々に仕上げの作業に入っていく。松明づくりの日は、朝八時ごろから開始して丸一日をかけて完成させる。朝早くから作業をしているから次第に疲れの色が出てくるが、ここまで来たらもうひと踏ん張り。休憩のお茶をすすりながら、互いに冗談を言い合いながらも着々と共同仕事をつづけていく雰囲気は柔らかで、心易い空気が伝わってくる。

さて、笠を固定させたあとは化粧竹の取り付けだ。

「笠を広げて、次、化粧竹、三本。もう青竹のいいやつを、正面竹いうて、一本はあのー、神様のほう向けて積んでるやつやけど。竹の先の枝、二本ほど残して、ほれを正面にくくりつける」（福井栄吉）

「化粧」、松明の構造上それがなくても成立するわけだが、松明の美しさや祭事的な意義を付け加えるために必要なものだ。化粧竹は、まだ水分をたっぷりと含む若々しく美しい青竹で、全部で三本使う。稲藁、菜種、縄、葦は乾燥させてあるから、松明全体はベージュ色になる。そこに濃い緑色の瑞々しい若竹が挿し色の役目を果し、松明がギュッと引き締まるのだ。

三本中の一本の若竹は、枝と葉を数本残したまま使う。それはちょうど松明の正面に来るようにする。松明の根元から葦の笠部分までの長さにした青竹三本を等間隔に松明の周りに据え、縄でくくりつけていく。

さて次は、天辺《てっぺん》の笠の中に天井に向かって小さなホウキのようなものを二本立てる。どの作業もそうだが、松明づくりが円滑に進むように役割分担をして、必要なときに必要なものが揃っているようにしている。この小さなホウキも、あらかじめ誰かがつくって用意をしておくのだ。こういうところで、チームワークのよさが発揮される。

さて、これは菜種殻を材料にしてつくられている。ちょうど、松明のスカート部分とつくりがよく似ていて、そのミニュチュア版のようなものだ。長さは一メートル半くらいで、芯に短く切った菜種殻を重ねていって段々をつくっていく。段をはっきり美しく見せるために、ハサミで一段ずつ切り揃えて仕上げる。これを二本つくり、杯《さかずき》部分のところから上に向けて立ててくくりつけるのだ。これが取り付けられると、笠の部分があたかもパラボラアンテナのような形になって、宇宙と交信でもするかのように見える。松明が神聖なものに感じるのは、こんなところに理由があるのかもしれない。

しかし、いったいどういう経緯でこのような形のものをつくるようになったのだろう……。その謎解きに思いを馳せるのもまた楽しい。こうして考えると、身の周りの一つ一つのものに何かしらの背景や物語があるようにも思えてくる。

さあ、松明はこれでほぼ完成だ。あとは、つくった松明を神社に立てるだけだ。

松明結い（その四）——松明を立てる

さて、このほんがら松明、ものすごい重量のようだ。長くて太い巨大な松明を倒れないように境内に固定しなければならない。このときに登場するのが、かつては藤蔓で、今は金属の番線だ。

「松明の立てるときに、この笠の、笠を広げますやろう。この根元にくくるんですわ。ほやないと、番線とか、あぁいうもんやったらえぇけど、こけた場合に危ないしなぁ。藤はまぁ、軟らかいし」（福井栄吉）

「（藤蔓は）燃えてしまいよんねん、跡が残らへん。それでも、普通の、今やってんのは、番線使うてるけど」（松村昭二）

松明の胴体に藁縄を直につけると、松明が燃えている途中で支えるための縄も燃え尽きてしまうので危険だ。そのため、水にしばらく浸して燃えにくくした藤蔓を一～二メートルほどの長さにして松明に結びつけ、さらにその先に藁縄をくくりつけて地面に固定する。こうすることで、松明が燃え尽きて自然に倒れてしまう前に縄を引っ張って危険のない場所に倒すことができる。そのあと、藤蔓であれば跡形もなくゆっくりと燃えていってくれる。

「まぁ、そらなぁ。藤蔓も、ほで、松明を立てる、遅うても、一週間くらいには切りに行って。……で、川か池か、どっかあぁいうところ、漬けておいて、ほって、松明づくりの日の朝、上げて、ほしてそれを使いますにゃんけどな」(福井栄吉)

今は、藤蔓を採取するのも、水に浸して下準備するのも手間だから、金属製で燃えない番線を藤蔓の代わりに使っているという。さあ、縄の取り付けが済んだら、その縄を頼りに松明立てだ。持っているだけの力を全員が出さなければ、とうてい立ち上がらないくらい重い松明。みんな気合いを入れ直す。

「よーし、立てるぞー」

一人が音頭を取って全員で松明を立てる。このときに欠かせないのが「アホ」だ。「アホ」とは、細い青竹の先を斜めに削って鋭利にしたもので、四、五メートルの長さがある。これで、松明を突きながら立ち上がらせていく。三、四人が縄を引っ張り、四、五人でアホを持って、残りの数人が松明の根元を手で押し上げる。掛け声に合わせて、みんなが力を一つにしていくのだ。

「よーーーいしょー、よーーーいしょー、よーーーいしょー」

どうやら、アホの突き方にはコツがあるようだ。アホを松明にぐっと差して上に突き上げたあと、にわかに引っ込めて松明からアホを離し、そして松明が倒れ込んでくる前にまた差して突き上げるという作業を繰り返す。その間、およそ数秒。このタイミングを、アホを持つ四、五人で息を合わせてやっていくと、松明がだんだん地面に対して垂直になっていく。

これがうまくいかなくて倒れてきたら命にかかわると思うくらい重たくて大きな松明。アホは細い竹だから、予想以上にしなって曲がる。アホが折れてしまったら……と、横で見ているほうがそわそわしてしまう。

しかし、さすがは村の長老たち。そんな心配をよそに、少しずつだが松明は要領よくまっすぐに立ちあがった。しかし、まだ不安定。根元を四人くらいで押さえている。次は調整だ。枝葉がついたままの化粧竹のついている正面が神

全員で松明を立てる。右側の数人がアホで突いている
（写真提供：ひょうたんから KO-MA）

社の本殿側に来るようにする。

「せぃのぉー」と掛け声に合わせて、松明の根元を数人で持ち上げてズルリズルリと回していく。

「よーし、ほのあたりでえぇぞぉ」

「おぉーーー」

静かな境内に、ほんがら松明が見事に立ち上がった。最後に、松明に結びつけた縄を地面に固定して完成だ。たった今ここでつくりあげたとは思えないくらい立派で荘厳で、ふさわしい姿でその場に佇んでいる。この場所で松明は、一週間、祭りの日が来るのをただただ待つことになる。

どんがら松明、ほんがら松明にかかわらず、毎年、毎年、集落内で松明を何本もつくってきたということを改めて考えると、この島町という地域にはものすごい力が潜んでいるように思う。島町に住んでいる人にとっては当然の慣習かもしれないが、過疎化、高齢化で次々と各地で地元の祭事が縮小したりなくなってきた。それは、人手が足りなくて物理的にできないという側面もあるだろうが、そもそも地域行事に参加する人が少ないという現状もある。

島町での松明結いの様子を見ていると、みんながそれぞれ楽しそうにやっている。「ここはこうだよ」と年長者が若者に教える場面もあったり、互いに冗談を言い合ったり笑い合っている。彼らは松明奉納に使命感をもってやっているというより、松明づくりの場に寄り集まって松明をみんなでつくるということをたまの享楽ととらえているようだ。

ここ二年ほど、私が通う岐阜のある集落でも、訪れるたびにそういう場面に出くわしている。村の寄り合いや共同作業では笑いが絶えないし、よそ者の私でさえもその場に混ぜてもらえるくらいの包容力をもっている。

人と触れ合うことで心の底から笑えることはこれまであまりなかったのではないかと振り返ってしまうくらい、何のわだかまりも偽りもなく「ガッハッハ」と笑い声を上げてしまうのだ。こんな空気感をこれまで私は味わったことがなかった。それは、この地域の宝物だと私は思っている。そんな雰囲気が島町にも漂っている。

第6章

いよいよ祭りの日がやって来る

松明奉納前の若宮神社

お稚児さん

ようやく冬の気配が消えて野花が咲きはじめたころ、毎年、大嶋・奥津嶋神社ではお稚児さんを宣託する神事が行われる。四月三日、ちょうど新学期がはじまる時期だ。祭りのおよそ二週間前までに、その年の稚児が決定する。

かつて子どもがたくさんいた時代はなかなか当たらなかったから、お稚児さんに当確すると家中みんなで喜んだという。そう、町内で年に一人だけしか選ばれなかったのだから、そのお家にとって名誉なことなのだ。

「わしの息子も当たらへなんだ。ほで、孫は当たった。はっはっはっは」（雪吹良治）

「初めてやな」（雪吹百合子）

「……もう、みんな、祝ってもらってね。ぎょうさんお酒なんか出したら、もうよう立てなんだ人がいたけど」（雪吹良治）

大嶋・奥津嶋神社を島町といっしょにお祭りするお隣りの北津田町では、稚児は家の跡を継ぐ長男にかぎられるという。しかし島町は、男の子であれば長男でなくても選ばれることになっている。松明づくりや祭りの役割についてもそうだが、男性が中心のお祭りというのがよく分かる。
「前はぎょうさん男の子いはったやんか。ほんでになー、当たらへんだんや。……たくさん男の子がいはったで。今はもう、順番でももうあれやろ、途切れるくらいやろ。もう子どもの数が少ないで」（雪吹良治）

最近では、その年齢に該当する子どもがいないこともある。そのときには、その前後の年齢の子どもを対象にすることになる。かつてはなかなか当たらないくらいたくさん子どもがいて、お稚児さんになったときにはお酒まで出してお祝いしていたほどなのに……。

もし、一つの村が一つの祭りを執り行うために選びだす稚児という役割を担う子どもがいなくなってしまったら、祭りはいったいどうなってしまうのだろうか。

子どものための小さな松明

子どもの成長を願って用意されるお雛様、こいのぼり、鎧甲《よろいかぶと》……それらを押入れや蔵から出す季節がやって来ると、子ども心にもワクワクしたものだ。こうした日本全国共通の子どもの節句にまつわる飾り付けに加えて、島町の男の子には「子供松明」が準備される。しかもうらやましいことに、それらの多くは、毎年、お父さんやおじいさんが新しく手づくりしてくれるのだ。

子供松明は、文字通り子どものためにつくられる松明だ。地域全体で神社に奉納するものとほぼ同じ形のミニュチュア版だ。材料も、葦、稲藁、菜種殻、竹とまったくいっしょ。巨大な松明と比べてみると、何ともかわいらしい。大きいものは大人の背の高さほどあるが、小さいものは子どもの背丈と同じくらいだ。

「子どもが三人おったら、三本つくるうちもあるし、三人分で、大きいの一本つくるうちもあるし、いろいろや」

島町の氏子総代である雪吹三郎さんに春の例大祭について話を聞くと、さまざまなことをていねいに一つずつ教えてくれた。

昔は、今に比べて立派でしっかりとした子供松明を競うようにつくっていたそうだ。お父さん同士が張り合っていたのだろう。現在は、若いお父さん世代はつくり方が分からないためにおじいさんが代わりにつくるか、市販のものを買ってくるらしい。

先にあったように、松明の材料はかつての生活では日常的に身の周りにあったものばかりである。しかし、米づくりから離れ、竹刈りもしなくなった今、稲藁や枯れ竹などの材料自体を手に入れることが難しいいし、そもそもどうやってつくればよいのかも分からない。とはいえ、つくり方を覚えれば現代のお父さんたちでもつくれないことはないという。慣れているおじいさん曰く。

「まあ、半日もあればつくれてしまうわ」

当日、神社の境内に持ち込むまでは、子供松明は家に飾られて祭りの日をじっと待つことになる。いかにも大事そうに、家の床の間に立派にたたずんでいる自分の松明に子どもたちは興奮を隠せないようだ。

島町では、宵宮祭の最初に子供松明に火がつけられる。正確に言えば、その年のお稚児さんに当たった男の子の子供松明に種火をつけ、その燃えた炎で次々とほかの子供松明が燃やされていく。子供松明を毎年新しく手づくりするというわけがここにあるのだ。

さて、このように子供松明の話を聞いたあと、近江八幡の旧市街にある小さな商店で子供松明を発見した。どうやら島町だけではなく、近江八幡市内のほかの地域のお祭りでも子供松明は使われているようだ。ガラス張りの店頭に「子供松明」と書かれた貼紙がされ、その下にどんと置かれていたのだ。

こういうふうに販売されているんだ！と、ついつい覗き込んでしまった。近江八幡の人にとっては取り立てて話題にすることではないだろうが、私にとっては子供松明の売られている情景自体が珍しくて仕方がなかった。子供松明が出回るこの季節、ほかの地域にはないこんな風景が街並みを彩っている。

宵宮祭の前

若宮神社の境内には五本のどんがら松明、それに加えて、二〇〇七年の春には特別にもう一本立っていた。とりわけ太くてがっちりとその場に根を張っているのが、半世紀ぶりにお目見えした「ほんがら松明」である。

そして、広場の端のほうには一つ、また一つと子供松明がぽつりぽつりと増えていった。暗くなりかけてくると、息子をつれたお父さんか孫をつれたおじいさんが松明を神社に置きにやって来るのだ。

二〇〇七年四月二一日、土曜日、ついにほんがら松明が五〇年ぶりに復活する記念すべきときがやって来た。不安と期待が島町全体に入り乱れ、

お稚児さんが種火をもらう（写真提供：ひょうたんから KO-MA）

浮き足だった雰囲気が漂っている。ほんがら松明をつくりあげた老人クラブのメンバーも、それを見てきた自治会役員も、そしてほんがらづくりや神輿の担ぎ手集めに協力した若者たちも、みんなこの日を待ち望んでいたのだ。

そして、映画『ほんがら』のクライマックスの撮影のために、長岡野亜監督をはじめとする二〇名近くのスタッフが集結した。長岡の師匠である原監督や友人、弟子のカメラマン、ひょうたんからKO-MAのメンバーなど、みんなが撮影に駆けつけたのだ。

どこにカメラを配置するか？　照明は？　マイクは？　どのタイミングで誰が何を担当するのか……など、入念な打ち合わせが朝から行われていた。撮影の中心はもちろん長岡監督。そして、全体の統括を藤田が行っていた。ひょうたんからKO-MAの中川は、地域住民としてお祭りの準備に参加しながら撮影全体に気を配っている。いつものんびりと静かな町内が、祭りの準備にせわしなく走る地域の人々に加えて、この年は撮影隊によってさらに活気づいていた。

出発前

午後六時、お稚児さんはまだひっそりと静かな若宮神社へ向かう。一人、お祓いを受けたあとに、この宵宮祭で灯るすべての炎の元となる火を神社からいただくのだ。どういう意味があって、自分がどうしてここでこうしているのか、まだ小さな稚児には分からないかもしれない。しかし、目に映るもの一つ一つが彼の原風景となる。

神社からいただいた火は、お稚児さん自身の子ども松明に一番につけられる。初めは小さくて頼りなかった種火が次第に大きくなっていく。松明の天辺《てっぺん》につけられていた真っ白な御幣《ごへい》からじわじわと本体に火が移り、パチパチと葦から菜種殻、稲藁を燃やしていく。そして、一本目から二本目、三本目へと火は移され、次々と子供松明が奉納されていく。

この初めの点火から祭りの最後まで、火の扱いとその始末を取り仕切るのは自警団である。自警団は、島町にある六つの組から男性が一人ずつ出される。年数回の町内の防災設備の点検や、年末の火の用心の呼びかけなどを行っている。まさに、

子供松明に火がくべられる（写真提供：ひょうたんから KO-MA）

地域を守るパトロール隊のような存在だ。

午後六時半、祭りにかかわるすべての人が自治会館に集まってくる。祭りの無事を祈って、事前の小宴が行われるのだ。そこでの食事やお酒は、島町の女性たちが準備をしている。男衆は、時間になると祭りの用意を整えてやって来る。

かつてほんがら松明をつくっていた五〇年ほど前は、現在のように自治会館に全員が集まって宴を催していたわけではなかったそうだ。年齢別に組織されるそれぞれの団体ごとに分かれて、違う場所で宴会が繰り広げられていたという。一五歳から二五歳までの青年団は自治会館で、二五歳から四〇歳までの敬神会《けいしんかい》と四〇歳以上の中老《ちゅうろう》は、それぞれの組織の年長者の自宅で宴会をしていた。

「青年団時分は、もうほうやって、酒飲ましよるで、面白半分に、みなほれ、飲ましよるさかいになぁ。……ほで、飲みすぎて、もう肝心な向こう（松明のところに）行ったら、もうベタンとな、田んぼの上で倒れとるやつやら、いっぱいやったんやわ」（三崎泰次）

一番若くて勢いのある青年団の飲み会が、一年に一度の祭りの興奮も手伝ってどのような状態に陥るのか想像できなくもない。

今は自治会が祭りを取りまとめていて、町内の一五歳から六〇歳までの男性に、祭りに参加してもらえるように呼びかけている。中心となって祭りを引っ張っていくのは「役員」と呼ばれる人たちだ。役員は、その年の自治会長、副会長、三名の氏子総代の合わせて五名だ。この役員が祭りに必要となる人員を責任もって集めたり、当日までの段取りをしたりと、全体を取り仕切ることになっている。

祭りにかかわる人々の年齢はさまざまだし、日常的にそれほど顔を合わせることのない人たちもみんなでいっしょに協力していくことになる。まとめ上げるのは難しいかもしれないが、普段はないつながりができていく貴重な機会である。

「あんまり長いこと飲むと（酔っぱらって）そのあとできんから、一時間くらいで出発してます」（雪吹三郎）

そう聞いたけれど、なかには宴会を終えて自治会館を出発したときにすでに顔を赤らめている人や足元がおぼつかない人、大声を張り上げて盛り上がっている若い人もちらほらいる。

あたりは次第に暗くなり、空気はいっそうひんやりとしてきた。この町でこうして繰り返されてきた祭りに思いを馳せながら私は、その歴史の積み重ねのうえにこの町は今もこうしてある、ということを感じていた。

出発

午後八時。おおよそ一時間半の小宴を終えると、いよいよ神社に向けて出発だ。若宮神社へ向けて太鼓の渡御《とぎょ》がはじまる。お酒でほくほくと温まった体で、春の夜風を爽快に感じながら自治会館を出発する。もう空は真っ黒で、ポツポツと各家の玄関先に灯る「御神燈」がいつもより集落をほんのりと明るくしているようだ。そして、子供松明の燃える明かりが山のすそにボォーッとおぼろげに見える。それも、そろそろすべて燃やし終わるようだ。

さて、祭りにかかわる男衆にはそれぞれが担う役がある。提灯を持って足元を照らす人、太鼓を担ぐ人、太鼓を打つ人……。かつては、どの組織に所属しているかで何を担当するか決まっていたという。より年上が敬われ、重要な役が与えられた。

ちなみに、太鼓の大きさはだいたい一メートル半くらいある。皮の部分は一メートルちょっと。それをお神輿のように棒にくくりつけて、二〇人くらいで担ぐ。傍から見ているとそれほどでもないが、いざ担いでみようとすると意外に重い。この太鼓を大勢で、上へ下へ、右へ左へとゆっさゆっさと運んでいく。今でこそあまり起きないが、かつては毎年ハプニングが起きていたようだ。

「今みたい、土地改良で道路が大きいなってね、だーっと、太鼓かついでも道路がいいさかいいいけど、昔はあんた、これくらいの二メーターの道やろ。それで、太鼓の幅は全然変わってへんの、昔も今も。うん、ほで、かついだらあんた、（田んぼに）はまらんならん。うん、ほで、あのー、船板ゆうて、船の板でね、カーブ、カーブは全部、段を、あー、台をこしらえて、橋渡しをこう、つくったんや。祭り前に。そやないと、田んぼにはまらんならん」（雪吹良治）

ずっしりと重い太鼓を二〇人ほどで担いで、グネグネと曲がりくねっていて横幅が二メートルしかない道を歩くのは難しい。しかも、土地改良前は水気がずいぶん多い田んぼ地帯だったから、足がぬかるみにはまったりするとそのまま転んでしまうこともしばしばあったようだ。

大切な太鼓を田んぼに転落させたら大変なこと。そういうことのないように、かつては太鼓の通る道中で曲がりづらいカーブはすべて、何かの使い古しの干し板で道を隅切りして曲がりやすいようにしていたらしい。たった一日の宵宮祭に通るために板を敷いて補修するとは……気の遠くなるような作業だ。

「土地改良ができてから、もう大きい道路わたるようになったでや。ほれでも、昔の人は旧道行くよう、文句言ってはったわけや」（雪吹良治）

なるほど、それだけの作業をしてもその道を通る意味があるのかもしれない。というのも、土地改良で道が整えられる前にあったグネグネとした旧道は、若宮神社の参道として鳥居から南方に向かって延びていたのだという。だから、太鼓はまさに参道を通って神社に入っていったのだ。今は、旧道はすっかり姿を消した。その代わり、鳥居の正面から東側に十数メートルほどの所に、まっすぐきれいに舗装された南北に走る新道が敷かれている。

いつ若宮神社がそこにできて、いつその参道ができたのか分からない。しかし、その道を通って神社に入ることはずっと行われてきたことだったし、いくら便利な新しい道がほかにできたからといって参道である旧道から外れるのはいかがなものかと、昔のことを知っている人は思うにちがいない。

祭り自体の何をつづけて何を残していくのかということを時代の変化のなかで選んでいかなければ、継承していくことが難しいことも多いのだろう。今、形として残っているものだけでなく、旧参道のようになくなってしまったものも語り継いでいくことで、その背景にあった何か大切なものも受け継いでいくことができるのではないだろうか。

太鼓の渡御《とぎょ》

さあ、太鼓が町のなかをめぐりはじめた。「よいとこさーのさー」という威勢のよい掛け声が、祭りのはじまりを町中に伝えているようだ。

「ドンッ　ドンッ　ドンッ」、太鼓の叩く音が集落中にこだまする。ピンと背筋が伸びる寒い春先の夜に響きわたる太鼓の音で、町全体に漂う空気が清められ、神聖な雰囲気を帯びていくようだ。

島町には自動車がすれ違えないような細い道が多いから、提灯、旗、太鼓の行列は道いっぱいになる。家々の玄関口には名入りの提灯が吊り下げられ、太鼓の行く道を柔らかな灯りで照らしている。黒い紋付や白い装束をまとった男たちが、小さな村の隅々を練り歩く姿は幻想的な光景だ。ときどき、太鼓の音につられて家から出てきた女性たちがその隊列の行くのを見守っている。立派にお役を果たす主人をどんな面持ちで眺めているのだろうかと彼女らの顔を覗くと、にんまりと頬がゆるみ、温かいまなざしで見守っていた。

松明に火をつける

太鼓は、自治会館を出発して三〇分もたたないうちに若宮神社に近づいてくる。昔の参道に代わる、田んぼの真ん中を通るまっすぐな道に差しかかる。同じリズムで響くその音がだんだん大きくなっていくので、こちらに接近してくるとすぐに分かる。

若宮神社に到着する前に、太鼓の行列は「お旅所《たびどころ》」という場所で休憩をとることになっている。

そのとき、男衆にお神酒や簡単なおつまみが振る舞われる。太鼓担ぎは頭から湯気が出そうなほど汗をかいている。そのほかの面々は、互いに談笑しながらこの宵のひとときを満喫しているようだ。

そして、この神事がひと段落すると、自警団員の数人が一足先に若宮神社に向かう。一本目の松明点灯の指示を出すことになっているのだ。一本目の松明の炎は、太鼓のお渡りする道を明るく照らすためにつけられるという。山の陰で真っ暗になってしまう若宮神社の姿を浮き彫りにし、進む道を示しだすのである。

そういえば、島町のこの祭や日牟禮八幡宮の八幡まつりをはじめ、近江八幡市内のあらゆる村でこの季節に行われている火祭りの起源に関する伝説を聞いたことがある。西暦二七五年、應神天皇の一行が琵琶湖を渡ってこの地に行幸された際、広い湖の真っ暗闇のなかで迷ってしまわれないように松明に火を灯してお迎えしたことから、この祭りがはじまったそうだ。宵宮祭で松明を燃やすことで神様の渡る道を明るくし、無事に来られるようにしているという点は、この伝説に重なるところである。祭り自体の姿や形が時の流れとともに変化しても、火が担う役割や、人が炎を求めた理由はいつまでたっても変わらないのだ。

そんなことを考えているうちに、松明への点火がはじめられた。さあ、この炎でもって太鼓を迎えるのだ。島町の宵宮祭では、どの松明から火をつけるかということはあらかじめ決められているわけではない。その場で、「次はこれいこう」、「今度はあれにしよう」などと選ばれたものから一本ずつ点火がはじまる。

子供松明の燃えているところから火種をちょうだいする。松明に炎を灯すのは、その松明をつくった組の代表か自警団員だ。乾燥して薄茶色になった菜種殻の束を手につかんで、そこに火をつける。そして、最初の点火となるどんがら松明の胴体に激しく燃える菜種の束を近づけた。

「パチ、パチ、パチ、パチ、パチ」

菜種殻は、油の原料である油菜だけあってすぐによく燃えはじめ、油断していると持つ手にまで広がっていきそうな勢いだ。遠巻きに見ていても、小さな無数の粒が弾けるように細かく燃える音が聞こえてくる。

松明の表面もまた菜種殻で覆われているから、

祭りで火の処理をする自警団員

あっという間に真っ赤な火が松明に吸いつき、その赤が上に下に広まっていく。煙がモクモク立ち込めはじめ、藁か何かを燃やしたときに漂う独特の匂いが境内を包みはじめた。

少し離れた所で見ていても、夜風に乗って火の粉が空から降ってくる。もうあたりは真っ暗だから分からないが、祭りが終わったら頭がすすで真っ黒になっているかもしれない……。そんな心配をするくらい、目の前で燃える松明は火の粉を威勢よく振りまきながら尽きていくのだ。上方を見上げると、神社の脇に植わっている木々の枝にも火が飛び、燃えているところもある。

まだ肌寒い四月の宵に、興奮も手伝って体がじんと熱くなり頬がほてっていく。まるで、目の前で大規模な焚き火をやっているようだ。

炎が松明の根元から天辺《てっぺん》まで包み上げて数分ほど経つと周りの藁などが燃え尽きてしまい、竹の芯が現れてきた。

「パチパチパチパチ　パチッ　パチッ」

芯まで火が届き、竹が爆《は》ぜる音がどんどん激しくなる。無数の爆竹が次々に点火されているかのようだ。

太くてずっしりしていたはずのどんがら松明は芯だけを残し、グラグラとふらつきはじめた。こうなったら、どちらの方向にいつ倒れるか分からない。松明を境内に据える段階で安全のためにその胴体を三方から番線でくくって境内の立木に絡げたり、地面に固定したりしている。松明に点火するとそれをほどいて、自警団の若者らがそれぞれを持って、見物人や本堂のほうに倒れないように松明を右に左に前に後ろにと引っ張ってバランスをとっている。燃え崩れそうなこの状態になると、あっちにグラグラ、こっちにグラグラ……見ているほうは冷や冷やだ。

「そっちに倒れるぞーーー」、縄を持つ若者が叫ぶと人がわさわさと移動して、松明を倒すと決まった部分に広いスペースができあがる。そして、主導する若者が合図を送る。

「いくぞーーー」

「よっしゃーーー」

縄から手を離す者、ぐいと引っ張る者と、それぞれの役割をこなす。思い通りのほうに倒れるように息を合わせる。

「バサッ。ドン」

見上げるほどの松明が、火の粉をまき散らしながら崩れ落ちるように地面に倒れた。横たわった松明は勢いよく燃えつづけている。こうして、一本、二本、三本と松明が奉納されていくのだ。よく怪我人が出ないもんだと感心してしまう。聞くところによると、この祭りでこれまで大きな怪我や火事などの被害はなかったという。

「パチパチパチパチパチパチパチパチ」

まだ火が残るどんがら松明の残骸は鍬や竹の棒で掃き集められ、ひと所に山積みにされた。

こんな大きな松明が燃やされるにはずいぶん狭い境内だ。このなかで、次々と数本の松明に火がつけられるのだから驚いてしまう。初めて見る私は始終びっくりすることばかりだ。しかし、当然というように島町の人たちはひたすら燃えていく松明を見上げている。これが、この土地では千数百年にもわたって自然の光景でありつづけているのだ。繰り返し、毎年この神事を目にしていたら、炎に対する感覚が変わりそうだ。

電気やガスが整備される前の時代は当たり前だったのだろうが、私は生まれてからこれまで自分自身でそれほど大きな火を扱ったことはない。あったとしてもせいぜい薪割り・炊きつけだったり、日常的なものとしたらマッチやライターでロウソクやお香に火を灯すことぐらいだ。自分の背よりずっと高い巨大なものに火をつけるなんて、これからもないだろうと思っている。

もちろん、島町でも年に一度だけのことだが、島町で育ったら幼少のころからその様子を間近で見て、大人になったらそこに参加する。炎のもつ力もその怖さも、痛いほど体で味わっている。なかなかできない経験だ。

さて、こうして松明が奉納されていくのと並行してさまざまな神事が執り行われていく。二本目の松明に火が灯るころ、太鼓が神社に入ってすぐ祝詞《のりと》を受ける。

「わーーーーーっ」

「おぉーーーーーーっ」

太鼓を運ぶ若者らが大声を上げながら本堂の前まで詰め、重たい太鼓を天に捧げるように精いっぱい空のほうに押し上げる。男衆の勢い、強さ、たくましさを感じる瞬間だ。赤々と激しく燃える炎の海に、白い装束をまとった遣使が踊り祈る。

ほんがら松明の奉納がどのタイミングで行われるかは前もって決まっているわけではない。これらの祭事の間、いつ火が点けられるのだろうか……。今か今かと、境内の広場に相変わらず静かに佇むほんがら松明を見つめる視線がどんどん熱くなっているように感じた。

そのとき、「バチッ」と音がした。

奉納のために順番待ちをしていたほんがら松明に、横で燃えていたどんがら松明の火の粉が燃え移ったのだ。これだけ密接して並べてあるのだから無理もないこと。しかし、ほんがら松明が表面

大声を上げながら祝詞をする担ぎ手たち（写真提供：ひょうたんから KO-MA）

から燃えてしまったら、空洞を通して天辺《てっぺん》に炎を上げる火付けが夢の話になってしまう。五〇年ぶりの復活が水の泡になってしまう……。

と、次の瞬間、若者の一人がほんがら松明によじ登った。六メートルもある松明にしがみつき、燃え移ったところまで必死になってたどり着いた。そして、すぐさま火を消しにかかった。

「おーーーい、降りてこーい！」

「怪我すんぞーーー」

「やめろーーー」

老人クラブのメンバーが叫ぶ。かつて、同じように火を消すために松明に登った若者が怪我をしたことが脳裏をよぎったのだ。彼らは、「ああでもない」、「こうでもない」と昔の記憶をたぐりよせながら協力しあってほんがら松明を復活させた。そして、若者も加わり、地域のみんなで力と心を合わせ、どうにかここまでやって来た。ほんがら松明の奉納を必ず成功させたい。そう思うのは、今も昔も、年寄りも若者もみな同じなのだ。

若者は、必死になって火のついた藁をバサバサとむしり取っている。みんな、不安気な顔で一点を見つめている。しかし、周囲の心配をよそに、彼は見事に火をかき消した。そろそろと彼が這い下りてきたときには、あたりから安堵の溜め息が漏れ聞こえてきた。

「よぉやったわ」

「よかった、よかった」

一瞬の出来事だったのに、長い時間に感じられた。もはや、そこにいる人みんながほんがら松明の行く末を案じて止まない。

ほんがら点灯

そんなハプニングも乗り越えて、ついにほんがら松明の番がやって来た。半世紀ぶりのほんがら松明の奉納を、ほんがらづくりに携わった面々は期待を胸に待ち焦がれていた。しかし、その反面、不安もあるようだ。思い通りに、炎が一番上から噴きだして燃えてくれるかどうか……。ほんがら松明を奉納する番になると、いつのまにか見物客が増えていた。初めて見るその姿。みんな、しっかりと松明のほうに目をやっている。

「次、ほんがら行くぞー。若いもん、みんな来てくれー」

よし、とうとうほんがら松明だというように、勢い勇んで自警団や自治会、太鼓担ぎなど祭りに参加している一〇代から三〇代までの若い男性らが松明の前にポツポツと出てきた。

一〇人余りの若者が集まり、松明を囲んだ。ほんがら松明の奉納を経験したことがあるのは、五〇年以上前に祭りに参加したことのある元青年団の団員。だから、現在六〇歳後半以上のかつての青年らが中心となって指示を出す。お堂の石段の上から、ほんがら松明のほうをじっと見つめながら大声で呼びかける。

「よーし、倒すぞー」

みんな松明の根本部分に手をかけ、重くて巨大な荷物を持ち上げるかのようにぐっと腰を入れた。そして、ゆっくりと少しずつ松明を斜めに倒していく。倒したところで下から火を入れるのだ。どんがら松明だと、胴の横から火をつけるから傾けることはない。だから、祭りの途中で松明を斜めにするのはみんな初めての経験だ。こんな感じでいいのかなと、少し戸惑いの表情もうかがえる。

「おい、アホをしっかり持てぇーー」

三人の若者が、松明を突いたり支えたりするために竹でつくられた「アホ」を持つ。倒れそうになる巨大松明を前後左右から突き、支える重要な役割を担っているのだ。

「本当は、アホが一番賢いんやわ」と言う、笑い声も混じったそんな話が聞こえてくる。

「よっし、火を入れるぞーー。もっと倒していいぞーーーー」

若者らは少し不安げにも、言われるままに倒しつづける。傾けすぎると片方に重さがかかってしまって完全に倒れてしまうし、かといってこのままだとまだ一番下から火を入れられる状態ではない。じりじりじり……ゆっくりと恐る恐る、大先輩の声に忠実に慎重な面持ちで角度を大き

ほんがら松明を斜めにして火入れをする（写真提供：ひょうたんから KO-MA）

くしていった。倒す角度は三〇度程度がよく、四五度くらいになると倒れてしまうらしい。その微妙な調整が難しいのだ。

　火入れをするのは、五〇年ぶりの復活に尽力した老人クラブの会長だ。菜種殻の束を手にし、その先端に火をつけると「バチバチバチ」と激しく燃える。半ば急ぎ足でほんがら松明に近づき、傾けた松明の一番下の隙間に燃えしきる炎の把《たば》を入れる。そのときにはもう手元あたりまで火が燃えていたため、急いで突っ込むようにして把を入れ込んだ。入れ終えてすぐ、アホを持つ人が斜めにしていた松明を突き上げた。その松明の足元で控える若人らが胴体を再び抱えてまっすぐの状態に戻した。

　こうして火種を入れ終えたわけだが、これだけでは松明は燃えてくれない。下から入れた火が天辺《てっぺん》の笠の部分から出るように、炎を細長いトンネルの中を上げていかなければならないのだ。そのための「地突き」という作業がはじまる。松明の周りを囲む若者たちが松明の胴をしっかりと抱え、重い松明を宙に持ち上げては下ろす。これを繰り返し行うのだ。

空気を送る「地突き」

「でー、まぁ、一番ええのは、三〇度ほど倒して火を入れて、ほして元へ戻して、えー、どうか

な、やっぱり、四、五回地突きせんことには風が入りよらんにゃわ」（雪吹三郎）

地突きをすることで、風を空洞に吹き入れて火を上へ上へと煽り上げていく。こうして行う地突きは、穴の開いているほんがら松明特有のものである。地突きは一人ではできないから、どうしても大勢の人の協力が必要となる。

うまくいけば、途中で横から火が噴き出ることなく、一番上から空をめざして炎が現れてくる。空洞状の芯は竹でつくられているのですぐには燃えない。それに、外の空気に火が触れないように藁や葦がびっしりとその周りを覆っている。逆に言えば、隙間があると途中で横から炎が噴き出してくるということだ。ロウソクのように松明の頭の先から赤い火柱を出すこと、それだけをめざしてつくられ、そして火付けがされている。みんなの、共通の大きな目標なのだ。

「いくぞぉーーーー、せーーーーのっ」ドンッ。

「せーーーーのっ」ドンッ。

何回か突いたが炎が上に上がる気配はない。松明を抱えている人数が多いので、なかなか息が合わず、同じタイミングで持ち上げて空気を入れることができないのだ。最初は掛け声もバラバラで、いつ力を入れればよいのかもはっきりしない。

「おい、そこぉ、ちゃんと持てぇ」

息が合わないのがもどかしくて、苛立ちの声も聞こえてくる。初めてのことだから当たり前なのだが、周囲の見物人はみんな心配そうに眺めている。しかし、ほんがら松明奉納を経験済みのかつての青年団員らは、慌てることなく事を運んでいく様子だ。

青年らは大先輩の指示を頼りに、老人クラブの人びとは後輩らの若い力を信じて、一本のほんがら松明奉納の儀式が進められていく。あまり多くの言葉は交わされなくとも、互いが互いの思いを肌と心で感じている。私は、彼らの心が寄り添う姿を見た思いがした。

さて、少し経つと「よし、もう一回火を入れよう！」と声がかけられた。

同じことを繰り返す。今度は火種を慎重にゆっくりと入れた。若者らは一回目より角度をつけて松明を傾けた。みんながみんな、すべての力と気を集中させていて真剣そのものだ。そして、老人クラブの会長は、火がしっかりとついてくれるように、さっきより長い時間菜種の火の把《たば》を入れてほんがら松明の底穴の様子をうかがっているようだ。より奥に奥に、上に上に火が昇りますように。誰もが、そう心のなかで願いを唱える。

さて、再び地突きがはじまった。初めは右側が上がっても左側は上がらないというような感じでやはりうまくいかなかったが、回数を重ねていくと互いの息が合ってきて松明をより高く持ち上げることができ、勢いよく突くことができた。

「せーーーのっ」ドスンッ。

一回目の火入れより掛け声が揃い、持ち上げている者みんなが大声で叫んでいる。掛け声を先導する老人クラブの面々も同じように声を張り上げている。

「せーーーのっ」ドスンッ。

最初は数センチも持ち上がらなかった松明が、なんと三〇センチ以上も高く上がるようになった。地響きが聞こえてくるほどだ。

「よーーーーっしゃ！」

地突きの手ごたえをつかんだのか、歓喜と気合いに満ちた声が方々からわき起こる。神社の境内で見守る人々、地突きをする若者、祭事の役員、大人も子どもも、男も女も、そして神社のお堂や木々でさえ、すべてがほんがら松明の成功を祈って待ち望んでいるかのようだ。田んぼに囲まれ、山の麓にある若宮神社は、夜の暗闇のなか赤く神々しく燃えて大きな熱気に包まれていた。

勢いづいて何度も地突きを重ねていると、胴体の真ん中あたりの隙間から白い煙が漏れてきた。少しずつではあるが、確実に炎が空洞を通って上へ昇っているということだ。

さあ、この調子。この勢いに乗って地突きをつづけよう！　ほんがら松明を取り囲んでいる若者たちは、ドスン、ドスンと地突きを繰り返し、軽快に空気を送り込んでいく。地突きの調子は絶好調。何人もがいっしょにやっているはずの地突きが、まるで巨人が一人で持ち上げているかのようにみんなの動きが一つに重なる。若者らは、地突きのコツをしっかりとつかんだのだ。

ロウソクのように燃える松明

心配より期待が大きく膨らんできたようだ。本当に、上から燃えてくれるだろうか……。そんな不安で張り詰めていた空気がここにきて和らいだようだ。若者らの表情も柔らかく、そして見物人の顔もほころんできている。

「せぇのーーーー」ドスン。

「せぇのーーーー」ドスン。

もはや、松明の重さはまったく感じられなくなっている。楽しくてたまらないといった感じの若者たちは、子どものようにはしゃぎながら軽快に何度も何度も地突きを繰り返す。

遂に、天辺《てっぺん》からすーっと煙が出はじめた。暗い空に、真っ白な帯が空に向かって上がっ

地突きの息が合ってくる（映画『ほんがら』より）

ていく。モクモクモク、煙が次第に多くなってきた。

「もういいぞーーー」

煙の下から小さな赤い炎の頭が顔を出したと思うと、次の瞬間、大きな火柱が笠の上から噴きだした。

「パチパチパチパチパチ　ゴォォォォォォ　バチバチバチ」

見る人すべての目がキラキラと輝き、一斉に境内に響きわたるくらいの大きな歓声が上がった。

「わぁーーーーーーーーっ」

「おぉぉーーーーーーーっ」

「ついたぞーーー！バンザーイ、バンザーイ、バンザーイ」

若者たちはお互いの肩を抱き合い、満面の

点灯成功に老人クラブのメンバーが万歳（映画『ほんがら』より）

笑みで万歳三唱をしている。老人クラブのメンバーも同じように両手を上げて喜びあっている。若宮神社の境内は、ほんがら松明を五〇年ぶりに奉納できた歓喜の声でわき上がった。

「よし、来年もやらなあかんな」

「今年できたんやからな」

代々つづくお役

「チュンチュンチュン」、「ピーピーピー」

宵宮祭の次の日、曽祖父の代からつづけてきたお役を担う人がいる。若宮神社の東隣に住む福井芳郎さんだ。

「あとの灰をね、灰をまとめて捨てていますわ。昔から……おじいさんからお父さん、私から代々。これで四代目。このころはぁ、みなさん気ぃつこうて、まだ今年もやってくださるかぁって聞いとくださる」

稲藁や菜種、竹などを材料としてつくった松明を五本や六本も燃やしたあとだから、ものすごく大量の灰が出る。それをていねいに掃きあげて、境内のすべてをきれいに掃除するのだ。誰から言われるわけでもなく、代々引き継いでやってきたことだ。

ある家がこうして担う役割はとても大きい。少し大げさかもしれないが、こうしたことが連綿と継がれているからこそ、今でも暮らす場としての集落がもつべき機能がつづいているのではないだろうか。それは、安心して暮らせることだったり、その地域に愛着をもって人が住みつづけたいと思うことだったりする。

まさに島町は、家々がそれぞれ暗黙の了解のもとにお役目を果たしていくことで成り立っている部分が大きいと感じる。そのことを象徴するエピソードとして、お地蔵さんの守《も》りがある。島町には、いくつか立派なお地蔵さんがある。立派と感じるのは、お地蔵さん自体の大きさや佇まいはあるが、それだけではなく、生花がいつも飾られていることや、毎年八月の地蔵盆にはお供え物が納められてお参りをするなどの習慣がつづいていることだ。

そういえば、お地蔵さんは私の家の近くでも、またどこかへ旅行しても見かけるものだが、これまでは誰が管理しているかどうかなどは考えもしなかった。美しい花やお水が供えてあって、一片のほつれもないきれいな赤いよだれかけをしているお地蔵さんもあれば、誰も通らないような道で苔が生えてそのままになっているお地蔵さんもある。それぞれのお地蔵さんの様子、その違いは一目瞭然である。

島町にあるお地蔵さんは、私が見るかぎりどれも誰かの手できちんと世話がされている。ここでは、そのお地蔵さんの一番近くの家が管理をすることになっているという。若宮神社の隣りに住む福井さんも、とあるお地蔵さんをずっと見つづけている人だ。

福井さんの家と若宮神社のちょうど間あたりに、「脇出のお地蔵さん」が納められた小さなお堂がある。脇出とは、この土地の小字《こあざ》である。初めて見たとき、「これがお地蔵さん!?」と驚くほど背が高くて、そのうえ神秘的な姿をしている。

「ここは、脇出《わきで》って言う。ここの脇出の地蔵さんといって、昔からおんさるんやけど、もう少し昔の話をすると、この裏に宮が浜というのがある……国民休暇村のある所。ここや、宮が浜っていうのは。ここに伊崎って書いてあるやろ。ここに流れついたという話を聞いてまんねんけど」

このお地蔵さんにはある逸話が伝えられていた。島町の北側にある山塊のすぐ向こうには琵琶湖が

脇出のお地蔵さんと守りをする福井芳郎さん

広がっていて、島町のちょうど真北あたりの山を越えた所に宮ヶ浜というくぼんだ湖浜がある。この浜に、あるときお地蔵さんが流れついたというのだ。

「このときには、お地蔵さんの首がなかったんや。首がなかったということは、何か破損してとれたのか……。ほんで首だけを新しくつけかえはったんやわ。今、お地蔵さん見てもらったら分かるけど、首だけは新しいんやわ。だから、国宝にならんのや」

近くに寄ってよく見てみると、たしかに体と顔の造りの雰囲気が違い、少し奇妙な感じがする。福井さんは説明をつづけた。

「体全体は木造でくりぬいてあるねんけど、首だけがあかんねんや。(首も)木造。けど新しい。言われると、お地蔵さんが着てはる衣装からお地蔵さんをこう見ると、地蔵さんやないっていう話やけどね。専門家が見はると……」

話によると、もともと体は薬師如来像だという。彫りが繊細で、流れるように垂れる袈裟《けさ》が美しく高貴な佇まいを見せている。いつの時代かはっきり分からないが、流れついたお地蔵さんを誰かがこの脇出に持ってきたのだ。

「でね、このお地蔵さんは、能登やという話や。能登半島。……琵琶湖に流れる川もあらへんのやし、流れついたっちゅうことは水に流れたちゅう意味やなくて渡ってきた、渡ったちゅうことやと思ってるんやけど。……言い伝えで。首がないやから地蔵さんや、地蔵さんの首つけよかなということになったのかなぁ……という話を聞いてんねんけど。実際にはどうや、というのは……地蔵堂っちゅうところに（納めた）。たまたまうちが守りさせてもらってる。八月二三日が地蔵盆。村の人がみんな、お供え物して祀ってくれる」

島町では、毎年八月二三日が地蔵盆だ。周辺の家々からお菓子や果物などのお供えがあり、夕方四時ごろになるとお経を上げにお坊さんがやって来る。さらに、「これがお地蔵さんの所にあってなぁ」と言いながらお座敷の押し入れから出してきてくれたのが地獄極楽絵図だ。これを、地蔵盆になるとお堂の中に飾るのだという。

この絵図の箱には「文政八年七月」と記してある。文政八年は一八二五年だから、一八〇年以上も前のものということになる。こんなに古いものが……と私自身は驚いた。しかし、福井さんにとってはこのお地蔵さんも地獄極楽絵図もずっと近くにあるものだから、一〇〇年も二〇〇年も昔のものであっても珍しさより親しみのほうが大きいようだ。何の違和感もなく、当然のこととして淡々と世話をつづけている。

さて、地蔵盆の日には、かつては子どもたちがつくった折紙のお飾りでお堂は色とりどりとなり、夜にはお供え物のお下がりをいただきに子どもたちが集まってきたのだという。今では、お参りには福井さんご夫婦が付き添うだけのひっそりとした地蔵盆だ。夏の夕刻に、木魚のリズミカルなポンポンポンポンという響きが小さなお堂の静けさを際立たせている。

集落のなかのとあるお地蔵さんが大切に守られつづけているという話は小さな一つのエピソードにすぎないが、ここに計り知れないほどの魅力を感じてしまう。

神社の掃除も、そしてほかのお地蔵さんのお世話も、さらにもっとさまざまな役割があって、それらが懇々と今の時代もつづけられている。これからも、こうしたお役が当たり前のようにつづけられていくことが、何よりも大切なことと感じる。

第7章

例祭当日

例祭のはじまり——卯の刻参りの様子

例祭のはじまり

例祭の式典は、午前一〇時半ごろからはじまる。

「例祭は、五穀豊穣と、村の生活を守ってもらうための信仰。安心して食べていけるように。そういうかかわりのなかで全国的にある地域のお宮さんの信仰なので、島が特殊なわけではないと思います」（雪吹勝）

数戸しかない小さな集落でも、お宮さんが祀られて大切にされている光景を見たことがある。それを通じて、いわゆる教科書に載っている「日本の歴史」とはまた違う、一つ一つの地域の歴史の物語とそこでの時間の積み重なりが垣間見られる。それは、その土地で住む人びとが暮らしをつづけていくための切なる願い、氏神様への心からの祈りをそのまま映しだしているのだ。

島町に住む人びとにとっての若宮神社と大嶋・奥津嶋神社の神様は、まさにここでの生活を守ってくださるかけがえのない存在なのだ。きっと、人がこの地に住みつく前からそこにすでにいらっしゃり、これから先もずっとおいでになる。

神輿の担ぎ手

さて、午後二時から神輿のお渡りがはじまる。島町と北津田町がそれぞれ保有する神輿が二つの集落内を渡り歩くのだ。

「お宮さんに祀られている神様が、神域を視察に行くようなもん。氏子たちがどういう生活をしとるんだろうな、神輿に乗って回って見るようなもんや」(雪吹勝)

例祭の神事のなかでもお神輿の役割は大きい。何と言っても、神様がそこに乗っていらっしゃるのだから。そんな神輿を担ぐ大役《たいやく》は誰が果すのか。例祭を進めるなかで、毎年自治会長や氏子総代が頭を悩ませているのが、そう、神輿の担ぎ手探しである。

先にも述べたように、青年団や中老など年代別に構成される村の組織があったときには、神輿の担ぎ手はそれぞれの組織が責任をもって出していた。しかし、それらの団体に入会する人が少なくなって弱体化していった結果、お祭りは自治会で仕切ることになったのだ。そうすると、自治会へは一家の家長が出ていくことになるから、おのずと年齢層が高くなる。神輿の担ぎ手にふさわしい若人らに、彼らからなかなか声が掛けられない状態になっていた。

それに加え、若者たちは地域外に働きに出ることが多くなって、夜遅くにしか帰ってこないために会って話をする機会がない。毎回、お父さんくらいの年齢の自治会長が、息子ほどの青年に頭を下げて神輿担ぎをやってくれないかと頼み込んでいるようだ。しかも、自治会長は一年で交代してしまうから、毎年それぞれの自治会長が苦心することになる。

二〇〇七年、ほんがら松明一年目のときに自治会長を務めた松村利夫さんは、この状況をどこかで変えなければならないと、「若いもん集めて話しようか……」と言っていた。このままでは、今年は何とかなったとしても来年、再来年と担ぎ手が集まらず、いつしか神輿が出せなくなるのではないかと不安に思っていたのだ。

張り切って神輿を担ぐ若者たち（右から2人目が敦史さん）
（写真提供：ひょうたんから KO-MA）

「よそ者」の思い

祭りの行く末を案じていたのは自治会の役員だけではなかった。長岡も、映画『ほんがら』の撮影を進めるにつけ、ほんがら松明がただ一度復活するだけではなく、これが今後もつづいていく形になってもらいたいと考えるようになっていった。つまり、松明奉納が行われる祭り自体の存続が気になっていたのだ。

映画の撮影は、地域の老人クラブのメンバーとじっくり時間をかけて話をしていくなかで進められた。ときには、投げかけた質問からずいぶん離れた話になって、島の民俗的な話やかつての暮らしぶりを滔々《とうとう》と話してくれるおばあさんがいた。普段なかなか聞けないような、戦争体験を詳《つまび》らかに語ってくれたおじいさんもいた。

こうした時間を過ごすことで長岡自身が、島町の祭りや暮らしの知恵など、記憶のなかにふんだんに残されている財産に気が付き、魅力を感じはじめていったのである。その魅力とは、過去への郷愁ではなく、今の社会、現代の暮らしにとってヒントとなるものがあるかもしれないという期待であった。

ただ、今回の映画はほんがら松明を主役にしたものであり、かぎられた時間のなかでその「魅力」を一から一〇まで伝えるのは無理な話であった。とはいっても、ほんがら松明の未来を考えれば考えるほど、祭りそのものはもちろんのこと、祭りが育くまれてきたこの土地での暮らしが守られることが先決という思いが募る一方だった。

実のところ、私が島町を取材したいと考えたのは、彼女から次のような話を聞いたからだ。

「映画に入り切らなかったけれど、伝えたいことがいくらでも残っている」

私は、「ほんがら松明の復活」という出来事をきっかけに島町に入ったわけだが、それを支えてきた周りにあるもの、人びとや環境、その地域全体を見つめるようになっていた。ほんがら松明のことを詳しく知るということは、そのつくり方や奉納の仕方もさることながら、ほんがら松明が成り立ってきた、そしてこれから成り立っていく所以《ゆえん》を探っていかなければならないという気持ちが大きくなってきたのである。

さらに長岡は、祭りがつづいていくために必要なことを具体的に思い描いていた。それは、地元の若者の参加だ。中堅どころの自治会役員らは、神輿を担ぐ若手を集めるのに苦心していると言う。一方で、老人クラブのメンバーは若い人に伝統や文化を伝えていかなければという思いをもっている。これまであまりつながりのなかったこうした人びとが、世代を超えて顔を合わせる機会を設ければ何かが起きるかもしれない……そんなことを考えていた。

初めての会合

「ひょうたんからKO-MA」のメンバーのなかで唯一島町で生まれ育った中川に、自治会長の思いや長岡の考えが耳に入ってきた。中川は、映画『ほんがら』の撮影が島町でスムーズに行われるように、老人クラブや自治会と撮影隊の間に入って調整する役割を担っていたのだ。

そして、彼自身も自分のふるさとの行く末を案じる一人だった。実は、中川は「ひょうたんからKO-MA」として動きはじめた当初は生まれ故郷の島町に対して複雑な思いを抱いていた。この地域をどうにかしていこう、地域づくりに取り組もう、といった気持ちは初めはなかった、と告白している。昔からつづく農村地域独特の「しがらみ」と呼ばれるものへの抵抗感もあった。そして、農村社会のなかで農地をもたない家に生まれたというバックグラウンドも影響していた。彼は、一八歳から三一歳まで学校や仕事の関係で島町を後にし、地域との関係性も途絶えていたが、それは彼の望むことだったのだ。

三一歳になってふるさとに帰ってきてからは、同世代の人たちがやはり地域外に出ていることから、数少ない次の担い手として自然と町内の役職に就くことになった。学校のPTAやスポーツ少年団の保護者会……。そんななかで、子どもが少ないのは目に見える事実だったし、担い手になるべき同世代がここに戻ってこないというのは明らかに問題だと思えたのだ。

こうした時間を過ごすなかで、自分が島町でできることは何かと考えるようになっていたのだが、考えるといっても「どうせ子どもたちの時代には、この地は過疎の極みまで進んでいるだろう」と島町の明るくない未来の想像をするにとどまっていた。自分からこの地域のために歩みを進めようと思いはじめたのは、ほかでもない、「ひょうたんからKO-MA」の仲間といっしょに島町を舞台にして映画づくりを進めていくなかでのことだった。

「おうみ未来塾で知り合った仲間がこの地のよさを引き出してくれて、それに乗っかったと言うのが正解でしょう」と、中川はこれが本心と告げた。

島町には深い歴史や文化がある。ゆったりと、安心して暮らせるという恵まれた環境もある。ここに来て、改めて島町に対して彼なりの誇りを感じることができた。それはすべて、仲間がいたからである。そして、地域のなかで、また外からも島町を何とかしていかなければならないという機運が高まっていることは、中川の背中を押しだすきっかけとなった。以後彼は、この町に住む「主体者」として、地域を見渡しながらさまざまな仕掛けづくりを試みていくことになる。

まず中川は、若者を集めて祭りの話をする機会をもちたいと自治会長に相談をもちかけた。すると、当時の自治会長であった松村利夫さんも、時同じく神輿担ぎを集めることに関して会合を開くことを考えていたという。

二〇〇七年（平成一九年）二月、自治会のメンバーと島町の若い男衆とが自治会館に集まり、担ぎ手を増やすにはどうすればよいかをともに考える会を開いた。

「今、神輿かきを集めるのは至難の業や」

自治会長の松村さんはこう投げかけた。ほんがら松明を奉納する宵宮の次の日に行う例大祭では、神輿担ぎが一四名必要だ。しかし、町内全体に募ったところ、まだ四名しか担ぎ手として手を挙げてくれる人がいないと言う。

「こんな方法をいつまでもしとると、おそらく、できん、人が集まらん、そういう時期が来ると思うん。だから、この状況をどうしたらいいのか、というのを話し合ってもらって……」

松村さんは、自分が自治会長を務めるこの一年のことだけではなく、これから先のことも真剣に考えていた。そして、考えれば考えるほど、若者が集まらなくなっていくことに不安を感じていたのだ。

「青年団っていうのがあったんで、ある程度、青年団で神輿担ぎ頼むわって。現状、青年団ないんで……。青年団あって、横の集まりあったもんで……」

ちょうど四〇歳になる雪吹哲也さんはこう言う。今から一五年ほど前までは青年団があったそうだ。これは、ほんがら松明を奉納していたかつての青年団とは少し違い、女性も所属できるものだった。若者の人数が減ってきたので、男女関係なく入ることができる組織になったのである。

神輿など町内の行事についても、若者は青年団が中心になって人集めをしていた。今は青年団がなくなり、若者同士のコミュニケーションがまったくとれていないのではないかと雪吹さんは語る。

「自分らの年齢の間でも、おんなじ山口に住んでても、隣近所でも会わんさかいに」

こんな話も出てきた。現状の神輿担ぎが集まらないことを裏付けるような、自分の抱いている気持ちをみんなが素直にぶつけあっていた。

出るのが面倒くさいからそもそも祭りには参加しない人がいるということや、あまり祭りに子どもを出したがらない親がいるという現状なのだ。島一方で、昔は神輿を担げることが憧れだった。島町に住んでいるなら、氏子として当然祭りに参加するものと考えてほしいという次世代への願いもあった。

青年団があったころの神輿担ぎ（写真提供：ひょうたんから KO-MA）

「伝承文化を守ってほしいなぁと思います。みなさん方がどうしても参加せんとおっしゃったんやったら、それはそれで、しまいですけど」と、村の長老も率直に思いを述べた。

祭りの神輿担ぎをいかに集めるかということをきっかけにして、それぞれが祭りについて考える機会を得たようだ。地域の催しに頼まれるまま参加してきた若者らにとっては、担ぎ手集めに苦労しているという自治会の内情を初めて知ったのだという。一通り、みんなの思いが共有されると、この会合に出てきた若者のなかでも最年少（当時二三歳）の奥井敦史さんが声を上げた。

「年いった人が（頼みに）行くより若い人間に行かすとか。わしらの年代の人間は、わしらの年代で頭下げて頼むとか。年いった人が来てくれても、どういう会話していいか分からないじゃないですか」

自治会に入っている自分の「お父さん」世代の人が頼みに来ても、どう反応してよいか分からないし、普段つながりもないから会話も弾まない。だったら、同世代同士で話をして担ぎ手をお願いしたらどうかという提案をしたのだ。

もともと自分は祭りが好きだから、若い人がどうして集まらないかが分からないし、神輿担ぎ集めに苦心しているという自治会の事情を知らなかった敦史さんは、自分にできることはないか思いをめぐらせていたのだ。

彼の提案には誰もがうなずいた。そういうことならできるかもしれない。どうなるか分からないけれど、若い力に任せてみることも必要かもしれない。自治会の面々は、思わぬ申し出を受けて明るい気分になった。それは、想像以上の「成果」だった。

こうして、まずは、祭りの神輿かきを集めるための「祭礼実行委員会」が立ち上げられることになった。祭礼実行委員会は、当時二八歳の三人の青年が担うことになった。中心となるのは、島町で唯一専業農家を営んでいる父を手伝って農業の道に進むことを決めた関目真也さんだ。地域の外に働きに行くことが多くなった今、真也さんは島町の米づくりの将来にとっても貴重な存在である。

こうして、ほんがら復活を待望するこの年に、二〇代の彼を中心にして新しい方法で担ぎ手集めがはじまったのである。ほんがら松明とともに島町の未来を描く、大きな第一歩であった。

第8章 島町の存続のために――「地域づくり」の気運

地域づくりの寄り合い

主体者意識の萌芽

ほんがら松明の復活、祭礼実行委員会の立ち上げ。島町ではこの年、これまでになかったような新しい動きが次々と起こっていった。それは、決して偶然ではなかった。一つのことが、多くのことに同時に影響を及ぼすように、ほんがら松明復活という事実が島町に住む人々の心に触れながら何かを変えていこうとしていた。

ほんがら松明復活の過程を目の当たりにし、その経緯や未来を綴っていく映画『ほんがら』の撮影を地元でコーディネートしてきた中川も、この事実をきっかけに島町の将来像を思い描くようになった人の一人だった。そして、次に彼は、自分の役割として何ができるかということを自問自答しつづけることになった。

この農村社会で地主でも農業者でもない中川だからこそできることは、「農」とは違った視点から地域づくりを発想することだった。そして、「おうみ未来塾」を通じて得た外とのネットワークをスムーズに地域内に入れ込むこと。さらに、島町に蓄積されてきた歴史や文化など、過去の資産を再認識するという脇役に徹すること、と自分なりに結論づけた。そう、彼はまさに地域に住みながら、内と外を新しい発想でつなげていく「地域プロデューサー」の役目をまっとうしようと考えたのである。

こうした立ち位置から地域を眺めるようになって、島町の現状を「悲観」するのではなく課題を「認識」するようになった。

ほんがら松明が復活し、そしてそれを継続するためにやらなければならないことは、松明の材料を栽培したりそのつくり方を保存するだけでは不十分だ。それ以上に求められるのが、過疎化を引き起こす若者の流出を食い止め、祭りなどの行事を含めて集落を維持していく担い手を地域で育てていくことが急務となる。島町の一〇年後、二〇年後を考えるとあまり明るい想像はできない。このまま放っておくと、ほんがら松明どころか地域の祭りが継続するために必要な「島町に住む人」が圧倒的に足りなくなる。

「島町の四〇ヘクタールの土地や先祖代々のお墓を守っていくには、少なくとも五〇軒くらいの家が必要やな」

「最終的には、人が残ることと、新しく住んでくれる人を増やすしかないんやわ」

課題を認識した次の段階として、それを見据えたうえで、何をどうしていくべきかを考えて行動に移していくところにたどり着いた。それは、端的に言えば人口を増やすということである。中川は、集落がこれからもつづいていくためにできることを少しずつやっていこうという思いを胸に、動きはじめたのだ。

島町がつづいていくために

中川は、生産組合(1)の中核を担っている仲間に声をかけた。島町土地改良区(2)の副理事長を務めている奥西駒仁治《くにはる》さん。そして、減農薬で米づくりに励み農業関係に詳しい南善昭さん。土地改良に関する仕事をしていて中川より四歳下の太田孝さん。合わせて四人が集まって寄り合いを開いた。彼らは、常日頃より顔を合わせるメンバーのため、中川が考えている背景をすぐに理解した。

過疎化、少子化が進む地域が、これからもずっとつづいていくためにはどうしたらよいのか。これは、島町以上に人口が減り、存続が危ぶまれているあまたの農山村が抱えている課題でもある。村から出ていく若者を減らし、新しく入ってくる人を増やしていかなければならない。その地域に住みつづけてきた高齢者だけが満足して暮らしていても、二〇年、三〇年先は明るくない。それでは、いったいどうすれば若者や新住民を引き付けることができるのだろうか。

「島ならではの地域性を大切にしていくことが一番やと考えたん」

中川らは、島町にあるもの、島町にしかないものを探し出してそれを守っていく、より良くしていくことから取り掛かることにしたのである。

島町の「地域性」を象徴するものとは何なのだろうか。豊かな自然、美しい田園の景観が残っ

ているこ と。単純な話だけれど、この地域に住んでいる人たちが口を揃えて誇るのは、こうした住みよい環境なのだ。

島町の人は、集落の南を流れる長命寺川に架かる渡合橋を越えると、「あぁ帰ってきたな」とほっとすると言う。仕事で疲れていても、ここに入った瞬間、落ち着いた気分になるのだ。ここに帰って来たい、ここから離れたくないと思う理由の一つである。

少しずつでも、こうした美しい自然の景観を守っていこう、かつてあった段々畑などの田園風景を取り戻していこう。初めの一歩として、こうした活動をまずは実践していこうという話が寄り合いのなかでまとまった。

もちろん、景観を守ったところで若い人が定着したり、新住民がすぐに増えたりするわけではないことは分かっている。それでも、そこに住む人たちが大事にしているものを大切にするということを、行動をともなった形でまず実践していく。簡単そうに聞こえるが、実はなかなかできないことだ。なぜなら、自分のふるさとのいいところは当たり前すぎて気が付かないからだ。それを見つめ直すことからはじめなければならない。

(1) 農業を営む人で組織される組合。島町では集落の半数程度が所属している。
(2) 土地改良区とは、一定の地域内で土地改良法に基づき、土地改良事業を行うためにつくられる法人で公共組合である。島町土地改良区は、現在四〇軒余りが組合員として参加している。

島町の若宮神社の西側には、土地改良がされず、猫の額くらいの小さな田んぼが重なる「北山田」と呼ばれる棚田がある。かつては、山に一番近いことから冷たくてきれいな山水が絶えず、おいしい米ができるとうらやましがられた土地だったという。しかし、田んぼ一枚一枚の面積があまりにも狭すぎるために機械を使うことができない。そのため、効率的な米づくりができないことを理由にほんの一部の土地を除いてほとんどが三〇年間放置されたままになっている。

どこでもそうだが、土地改良の対象から漏れた所は機械化された今の農業には適さないと判断されて放っておかれるのが常だ。その結果、休耕地になった所は、山すそから竹が農地に侵食してきたり、草や低木が背の高さほどボウボウと生え伸びてしまう。かつて農地だったかも分からないく

放置されて荒れ果てた棚田

らい荒れ果ててしまうことも少なくない。

北山田のこの荒れた様子は、島町の地域性の一つ、美しい田園風景や景観を守っていきたいと考える中川が気になっていたことでもあった。それに加えて、数年前、この北山田でとある絶滅危惧種の川魚が発見され、その生息地の環境保護を急がなければならないことが分かっていた。

「よし、ここを最初のフィールドとして整備をしていこう」

中川らは、地域をあげて北山田の整備、そして絶滅危惧種の保護という二本柱で活動をはじめていくことに決めたのである。これは、島地域全体をまるごと守っていこうという考えをベースにしたことから「農村まるごと保全事業」と名付けられた。

この活動は、島町の一部の人だけの思いではだめだ。自治会はもちろんのこと、老若男女、あらゆる人を巻き込んだ形にしていくことにした。ここに住んでいる人誰もが島町の未来を考え、いっしょに動いていってほしい。そして、それだけではなく、島町に住んでいなくても島町のことを好きになってくれる人を巻き込んでいこうとしたのだ。活動の二本柱とともに、こんな方針も固めつつあった。

自治会、自治会関係の各種団体、そして「ひょうたんからKO-MA」の藤田がかかわっているボーイスカウトや地域づくり団体の「幻《げん》娯《ご》朗《ろう》」など町内外関係なく、島町でともに地域づくりにかかわるアクターとして広く声掛けをしていくのだ。ちなみに、「幻娯朗」とは、藤田がはじめた農村地域の取り組みを学ぼうとする三〇代の集まりである。

藤田は、映画『ほんがら』の制作を通じて島町の人々と打ち解けていたし、近江八幡の市街地に住む彼にとって、島町は彼のふるさとのような場になっていた。島町に愛着を感じ、ここにまつわる歴史や伝説、地域の物語などを詳しく調べていた。

そして、藤田はいつからか、島町での地域づくりの活動を全面的にサポートするようになった。それは、「ひょうたんからKO-MA」でいっしょにやってきた中川の存在があったことはもちろんであるが、もともと環境保全に興味のあった藤田にとっても島町は「学びの場」になっていたのだ。

北山田の整備や絶滅危惧種の保護など、これから行う取り組みを藤田もいっしょになって計画を練っていた。彼は地域外の人だし、第三者であるが、だからこそできることがあるというのだ。「ほんがら松明」に端を発した取り組みは、地域のなかにとどまらず、島町から飛び出して町の外の人さえも巻きこんでいったのである。

地域づくりの下地

「でもなぁ、下地はあったんや」

奥西さんは、ゆっくりとした調子でそう告げた。私は、中川とともに島町で中心的に活動している奥西さんのお宅におじゃまをして、これからはじまる景観保全を核とした地域づくりについての話を聞いていた。

奥西さんは、先日の寄り合いメンバーのなかで最年長。しかも、兼業農家として今でも米づくりをしている人だから、何か違う側面から島町での話を聞けるのではないかと期待して訪れたのだ。彼は、「今、島で起こりつつある地域づくりは、ほんがら松明をきっかけとしているけれど、島の地域にはこうした動きを後押しする『下地』があったんや」と言う。

島町に住む人のほとんどが、かつては農業に携わっていた。みんなある程度は土地をもち、田んぼや畑をすることで暮らしを立てていた。彼らは相互に協力しながら生きていた——「かたみ」で田植えもそうだし、「かたみ風呂」、そしてウシを共同で飼育したり、道具を貸し借りすることも。連綿とつづくこうした相互扶助の関係が生み出した「結《ゆい》の精神」は、島町特有のものというより日本全国、農村部であればどこでも見られるものだ。

それが、田んぼが埋め立てられ住宅地となり、駐車場となり、チェーン店が進出し、もともと農村であった集落の多くが「郊外」に変わった。その土地ならではの景観は失われ、どちらを向いても似たように開発された風景が広がっている。

そのような地域では、これまでのような相互に力を合わせて生きる必要もなくなった。なぜなら、農作業をするより地域の外にある会社に勤めて現金収入を得たほうが金銭的に「自立した」暮らしを立てることができたからだ。こうして、多くの農村地域社会が失われていった。

ところが、島町にはチェーン店一つないし、新しい住宅街が開発されているわけでもない。田んぼや畑が埋め立てられた様子もなく、田畑と家と山が混在した、いかにも農村集落というような形状を保っている。それとともに、農村ならではの人と人とのつながりがいまだにありつづけるのだ。

今、専業、兼業にかかわらず、営農者として島町生産組合に所属しているのは四〇軒ほどである。そのなかでも、農産物を販売しているのは一七、八軒で「ものすごい減った」のだと言う。しかし、少なくなってきているとはいえ、彼らの結びつきは消えていない。

逆に、米などの農産物の価格が下落し農業だけでは食っていけないものだから、ことさら力を合わせていかなければならないのだ。たとえば、兼業農家にとって負担の大きい新しい機械の購入は共同で行われることが多くなった。年に数回しか使わない高価なコンバインは出資しあって買い求め、順番に利用している。総出で手植えや稲刈りをしていたころに比べれば力を合わせて作業をする頻度は少なくなったが、現在であっても、米づくりは単独で抱え込んでできることではない。

奥西さんの言う「下地」は、こうした農業に関係する人々の連綿とつづいてきた結びつきのこと、まさに農業に携わる人のもつ「結《ゆい》の精神」であった。

　実は、中川が地域づくりの中核を担いうると考えて声掛けをした奥西さん、南さん、そして太田さんの三人は、みな生産組合のメンバーで、もう何年も前からともに汗を流してきた仲間なのだ。まさに、「下地」を共有する心強い存在であった。

そば打ちイベントと魚道整備

　二〇〇八年一二月一四日、日曜日。いつもは人気《ひとけ》がなくひっそりとしている島町の自治会館は大勢の人であふれかえった。ほんがら松明の取材で私がお世話になった老人クラブの面々、奥西さんら農村まるごと保全事業のメンバー、小学校の子どもたちとそのお母さん、藤田がつれてきた近江八幡市内のボーイスカウトの一団と付き添いのリーダーら、吐く息の白い寒い日だったのに自治会館は屋根から湯気が出そうなくらい人の熱気で満ちていた。今日は、町内あげてのそば打ち大会だ。

「一回やとなぁ、まだなんやけどぉ、二回とか三回やったら、さらさらになるんっ」

　そばの実を臼でひくボーイスカウトの男の子が張り切って言う。彼なりの石臼をひく感覚をつかんだようだ。ひいた粉に水を入れて練りはじめると、プーンと香ばしい香りが漂いはじめた。

「あっ、少しやぶけたっ」

「きしめんやったらいいけど……そばになるかしら。ハハハハハ」

二〇～三〇代くらいの若いお母さんたちは、互いの顔を覗きながら、なかなか細く切るのは難しいと苦笑いしている。子どもたちは、初めて握る巨大な包丁で威勢よくそばを切り刻んでいく。

他方、島町内に広がる田んぼの東寄りのあたりでは、防水の作業着と長靴でフル装備をした三〇代から六〇代くらいのお父さんたち十数人が水路に下りてエッサエッサと手を動かしていた。水路の両脇に杭のようなものを打ち込んでいる。これは、田んぼに魚が上がってこられるようにする魚道整備のための作業だという。

そば打ち大会とともに、魚道の整備方法を学ぶ見学会が同じ日に開かれたのだ。朝九時からはじ

自分でつくったそばをかき込む子供たち

まったそば打ちは、お昼ごろになるとようやく第一弾のそばが茹であがってきた。ちょうどその時間に、魚道整備をしていたお父さんたちが汗をふきふき会館に集まってきた。魚道の作業は、ちょうど正午に切り上げる段取りになっていたのだ。地域の子どもらとお母さんたちが四苦八苦しながらも完成させた熱々のそばがお昼ご飯だ。

「んまい！」勢いよくそばをすする姿に、「島町でとれたそば粉だからね、よく味わってくださいねー」と、講師がにこやかに話しかけた。


今回のそば打ちは全部で八〇人もの参加があって、町内の一大イベントとなっていた。これらは島町の景観を守る活動の一環で、地域づくりのイベントとして企画された。では、そば打ちでどうやって景観が守られるのか、そのわけを説明していこう。

今回、そば打ちに使ったそばは、その年、休耕地となっていた田んぼを活用して育てたものである。さらに、二年目の二〇〇九年には、しばらく放置されていた棚田を起こしてそばづくりを行っている。

景観保全の活動は、まず田んぼや畑としてそこを利用することからはじまったのだ。雑草がはびこって土が硬くなると、田畑として使いはじめるときに田起こしするのがとんでもなく重労働になる。だから、放置されつづけ、最後には山の木々や竹がその勢力を伸ばし手が付けられなくなってしまうのだ。すなわち、そばの栽培により休耕田を放置させないという「農村まるごと保全事業」の基本的な考え方を実践に移したのである。

遊休地は、何らかの作物を栽培することで土を柔らかくし、田地としての機能を少しずつでも甦らせる必要がある。そのために、やせた土地でも育ってくれるそばを植えることにしたのだ。それに、そばであれば収穫後にみんなで打って食べることができる。

こうした棚田での景観整備はまだはじまったばかりの話で、町内のみんなが知っているわけではない。このイベントで楽しくそばを食べながら、一人でも多くの人に活動について知ってもらおうというのが趣旨である。景観がどうとかというような小難しい話をするより、おいしくそばをすったほうがよっぽど印象に残るだろうと考えたのである。

「そば打ちやとか、そういうことで、出てきたことない人にも関心もってきてもらえるようなものをやっていかんとな」（奥西駒仁治）

まずは、活動していることを知ってもらう。そのために足を運んでもらう。それが今必要な第一歩だと、奥西さんや中川は認識している。だから、特別な理由などなくても誰でも気軽に楽しめるようなことを催していく。それは戦略的なことではなくて、主催する人も参加する人も同じように楽しめて、「またやりたいな」、「また来たいな」と思えることを企画する。単純だが、一番大事なことである。みんながしんどい地域づくりはつづかない、ということを知っているのだ。

「やっぱり、おいしいなぁ」

自治会館の縁側に並んでフーフーと冷ましながら一生懸命そばをかきこむ三人の子どもたちは、互いの顔を見合わせながら満足気な様子だ。

「いい体験させてもらいました。子どもも楽しみながらやらせてもらったし」

あるお母さんは、一生懸命そばを食べるわが子を隣で見つめながらこう話した。


そして、もう一方の魚道整備。これは、どのように景観保全と結びつくのだろうか。

「昔は田んぼと水路の間に段差がなかったから、田んぼに魚が入ってきてそのなかで卵を産んだの」

「そのなぁ、うちの前の田んぼで、魚ぁよぅつかまえたわ」

実は、島町も含めて琵琶湖の周辺の田んぼにはかつて湖からの魚が上がり産卵していたという。田んぼはあらゆる生命を育む豊かな土壌だったのだ。

だが今は、水路はコンクリートに囲まれているし、それと田んぼには段差がかなりあるから、たまたま水路に魚が入り込んできたとしても田んぼにまではとうてい上れない。もし入ってこれたとしても、農薬づけの田んぼでは生き物は暮らすことができなかっただろう。だから、今では島町の子どもたちにとって琵琶湖の魚は遠い存在となっている。すぐそこに魚がピチャピチャと泳いでいてすぐに捕まえられるという光景は、もはや昔話となってしまっていたのである。

この日の作業では、魚が水田に泳ぎこめるようにするため、まず水路に堰《せき》を造った。下から上にかけて少しずつ堰を高くしていくことで、魚が無理なく上っていけるようにするのだ。この作業を実際にやりながら学び、かつてのように水田で魚が産卵する環境を島町に取り戻すことが目的である。

これまで地域で行われてきた催事だと、家長だけとか年寄りだけが出ていくことがほとんどだった。しかし今日は、それぞれが興味を感じられるものだし、誰もが参加できるのだ。おじいさん、おばあさん、子どもとお母さんはそば打ちに行き、そしてお父さんは魚道整備に参加する。一家総出の一日である。

一見、島町の景観保全とは少し離れたような内容の二つのイベント。理屈ではなくて、五感で何かを感じられる場となったこの催しを通じて、地域づくりに託した思いが島町の地域全体にじわじわと広がっていくのではないだろうか。

最終章

島町の未来を紡ぐ

ほんがら松明の製作メンバーで打ち上げ

次世代を担うという現実

「四五歳以上が自治会にかかわるのには年齢がいきすぎている」

この言葉を聞いたとき、私は耳を疑った。四五歳を若いか、そうでないと考えるか……。地域のことについて考える年としては、四五歳は年齢が高すぎると中川は言うのだ。

「それまでに何にも経験がなくて、突然、四五歳になったら自治会やろ」

なるほど、島町では四五歳を超えて初めて自治会組織の役をするなど、具体的にかかわりあいが出てくるということだ。それまでも、自治会とのつながりはなくはない。町の安全を守る自警団や子どもがいれば子ども会、ご婦人は女性部など、町単位の活動に何かしらかかわることは四五歳より下でも十分可能だ。とはいっても、町全体の話をする場となる自治会に出ていくのは四五歳以上ということになっている。とくに規定などがあるわけではないが、昔からそういうことになっているのだ。

私が、「四五歳以上」と聞いて驚いたのは、自治会の役員をする年齢としたらずいぶん若いほうだと感じたからだ。自分の住んでいる地域でも、そしていくつか知っているほかの自治会でも、若くても六〇代、そして上だと八〇代が自治会組織を担っている所もある。

島町は自治会の中心で動くのは六五歳までで、それ以上になると自治会役員からは引退して老人会に入る。もちろん、町の長老格として知識や経験が豊富だから、自治会の評議員という形でかかわりつづけることはあるが、自治会の役員になるのは四五歳から六五歳までである。

島町では三世代で暮らしている家が多い。つまり、四五歳から六五歳というのは、子どもがいて、かつ自分の両親も同居していることが多い。したがって、自分の両親、そして子どもの年代が傍にいるから両方の立場を汲み入れることができる。そのような世代が、地域の中心となるような仕組みになっているのだ。

さて、島町の寺や神社の維持管理をはじめ、あらゆる側面で地域を支えていくことのできる絶対的人数は右肩下がりとなっている。そんな状況で、本当に島町の地域は持続していくのだろうか……。「心配なことは山積み」と中川は言う。

彼が、四五歳になるよりも前に地域のことにかかわったほうがよいと考えるのは、将来、島町で生きていく若者たちが、現在の状態でいったときの一〇年、二〇年先と、何か行動を起こしたときに変わるかもしれない島町の未来を自ら考える機会をもつべきだという発想なのだ。なるほど、それは納得できる。二〇代のほうが六〇代よりよっぽど島町の行く末を見据えていかなければならない。より先の未来、たとえば五〇年後の島町のことを考えられるのは二〇代のほうなのだ。

中川は、今、二〇代から三〇代の地元に住んでいる若手の地域づくりへの参加が増えてこなければならない、そして地域づくりに参加してくれる人が新しく島町に入ってくることも今後の島町にとっては欠かせないことと感じている。中川がそう言う裏には、ある背景があった。

新しい担い手「新住民」

「島町に引っ越してきて五年になります」

櫻井誠二さんは、五年前を思い起こしながらそう言った。気さくで笑顔の絶えない櫻井さんは頼もしいお兄さんタイプだ。自治会のイベントや祭りにいつも楽しそうに参加していて、すっかり地域の人たちに馴染んでいる様子だ。

櫻井さんと妻の雅美さんは山登りが好きで、自然豊かな土地で子育てがしたいと、いわゆる田舎の土地を探していたそうだ。島町に引っ越してくる前は、近江八幡市の北東に位置する彦根市の住宅街に住んでいた。その間、二年ほどかけてじっくりと探していたところ、島町のある土地を紹介されてすぐに購入を決めたという。

「山も自然も近くにあるし、子どもを育てるとき、自分たちのないもんを自然が補ってくれると思てたし。……生き物とか動物に触れあえて、生きていくのに必要なもんを学んでってくれる」

引っ越す前より会社への通勤時間は少し長くなったけれど、車で十分通える範囲であると言う。それに、車で少し走ればば大きなスーパーもあって住むには不便がないということだ。

これまで、島町に地縁も血縁もなくて新しく住みはじめる人はほとんどいなかったから、櫻井家は島町にとって珍しい新住民となった。

島町ではだいたい長男がお嫁さんを地域外から迎えて跡を継ぐか、婿養子をとるのが普通で、新興住宅地のように突然知らない人が移り住んでくることはこれまでの長い歴史のなかであまりなかった。それにもかかわらず、櫻井さんは今では何の違和感もないように見える。

「住みはじめてちょっとしたら、そのときここの組頭《くみがしら》やった関目さんが来ていろいろ教えてくれはった」

そして、年に数回、組頭の家に家長が集まる寄り合いに顔を出すことを重ねていき、ようやく自分の組のことが分かってきた。櫻井さんは、地域になるべく早く馴染んでいけるように地域の行事にはできるだけ参加した。それは強制的なものではなくて、櫻井さん自身、祭りやイベントが生来好きだったからだという。

「子供松明つくったかー？」

引っ越して来て二年目の春、関目さんが祭りの直前に声をかけてきた。

「子供松明って何っすか?」

「まだつくっとらんのか。やったら、用意しとくわ」

関目さんはどこからか子供松明を買い付けてきて、櫻井さんに持ってきてくれたのだ。こうして、祭りの当日に初めて子供松明を見た。ここには、こんな風習があるんだと何も分からないながらも感心し、興味を抱いたという。

そして、ほんがら松明復活の二〇〇七年には、「子供松明、ほんがらでつくらんかねー」と、町内で造園屋を営む門野さんに言われた。それを聞いて、櫻井さんの頭は「?」でいっぱいになってしまった。ほんがらで子供松明……? 子供松明を自分でつくったこともないのに、それをほんがらでつくるとは、いったいどういうこと?……「ほとんど、門野さんがつくってくれはったんやけどな」と、苦笑しながらそのときの話をしてくれた。

ほんがらの子供松明は、通常のものと比べて太くどっしりとしていて立派なものだった。下から覗くと、たしかに穴が空いている本物の「ほんがら」だったという。ちょうど、その年は長男がお稚児さんにあたったこともあって、当日まで大事に床の間の一等席に飾り付けおいたのだ。

地域の右も左も分からなかったから、「もとから住んでいた人に、いろいろかまってもらえて」ありがたいと言う櫻井さんだが、人懐っこさがあふれる彼の人徳と私は思っている。

また、櫻井さんは、地域の外から来た人だからこそ分かる島町のすばらしいところをよく知っていて、それを存分に楽しみながら日々の生活を送っている。あそこの山は登れるのかとか、あの小道はどこまでつづくのかとか、櫻井さんの質問にみんなが嬉しそうな顔をして答えている。

櫻井さんは、年明けすぐに行われた中川らの寄り合いにも参加し、次年度に行う催しや作業を決める場にも居合わせていた。

「北山田の竹藪、整備せえへん？　切ってもいいって言われとる」

「そうやな、竹藪も気になっとったし……」

そんな提案にも、櫻井さんは興味深そうな顔つきで「整備するんやったら、ぼくも手伝いますんで」と、即座に答えた。メンバーは、いかにも頼もしげに櫻井さんのほうに顔を向けた。

島町の人にとってほぼ初めての「新住民」で、お互い手探りのなかで信頼関係を築いてきた。だから、いまや櫻井さんの存在は地域にとってかなり大きい。櫻井一家が島町でこうして暮らしていることで、次に新しくここに住みたいという人がいたときに抵抗なく入ってくることができる。そんな土壌がすでにできているのだ。

新しい担い手「貴重な二〇代」

櫻井さんは四〇歳になったばかりで、島町の若手の兄貴分。彼は、新住民受入れの土壌を築いただけでなく、それまで自治会があまり接点をもたなかった二〇代の若人らとの橋渡し役も担っている。

寄り合いで来年度のほんがら松明の製作の話になったとき、櫻井さんは「あつしが、『ほんがらつくるなら、おれ、手伝いますよ』って言っとったし」と口火を切った。「あつし」とは、奥井敦史さんのことである。神輿担ぎを募る会合にも、若手代表のような形で参加をしていた。そして、家が南組なので、二年目のほんがら松明づくりに参加した最年少の青年だ。六歳から島町で育ち、今も島町に住んでいる貴重な二〇代の一人である。

近江八幡市の二〇〇八年の調べによると、島町には二〇代は男女合わせて三一人が住んでいることになっている。それは住民届に基づく数であって、実際はもっと少ない。敦史さんの同級生で地元にいるのはほんの数人、片手で数えられるくらいだという。そんな二〇代不足の島町で、彼はことさら目立つ存在である。

「ケンカして、謹慎食らってたんっすよ」と、はにかみながら教えてくれた敦史さんは、かつて祭りで派手なケンカをして二年間は祭りに出られなかったのだという。そんな彼だが、祭りは昔から好きで、神輿担ぎにも毎年気合いが入っている。

「みんなでワイワイできて、普段会えない人とも会ってしゃべれるし、おもしろいやないですかっ」

「ほんがらは、また違うやないですか。下から火ぃ入れて上のほうに上がって、上からパーッと燃えますやろ。普通は、横からチョンっとつけるだけやし」

　松明をみんなで持ち上げて地突きを繰り返し、火付けをするということに彼は面白味を感じているようだ。たしかに、全員ですべての力を出しあって行う地突きは、祭魂に火をつけるような行為であると、傍目で見ていた私にも理解できる。

「島から出てっとる連れとかも呼んで、松明に火付けるのには来てもらったりしたんですわ。とにかく、まずは来いって。おもしろかったら、また次の年も来てって」

　なんと彼は、祭りに参加する二〇代が全体的に少ないものだから、仕事や学校の関係で今は島町には住んでいない友達を呼び集め、火付けや神輿担ぎに加勢しているのだという。毎年、祭りに参加している敦史さんは、そのなかで同世代があまりにも少ないことに漠然とした不安を抱えていた。

「二〇歳超えてから島のこと考えるようになって、いろいろ思っとったけど、そんなに力を入れるようなきっかけはないやないですか」

　まだ結婚もしていなくて子どももいない自由な二〇代は、地域に関係する催しに出ることは少ない。ましてや、地域のことを考えるきっかけにすら出合わないのではないだろうか。もっと格好いいことが都会にはあるし、ずっとおもしろい娯楽が地域の外にあると感じるからだ。大学進学を機に地域を出たらそのまま帰ってこない。帰ってくる理由がとりたててあるわけではないのだ。

「二三のとき、自治会長がうちに来て、神輿のことで頼みに来はって、『前に立って若いもんを引っ張っていけるのはお前しかいいひん』みたいなこと言われて」

敦史さんが二三歳のときというと、ちょうどほんがら松明復活の年だ。神輿担ぎを集めるのに苦労している自治会長の姿を見て、敦史さんは頼られるものならば引き受けていこうという気持ちを強くしたのだ。自分の好きな祭りのことだし、自分の暮らす地域のことだ。それは当然といった顔をしている。

しかし、だからこそ感じているジレンマもあるようだ。彼は、島町にはまだ新しく入ってくる人を受け入れる準備がないという。もし、島町に越してきたい人がいても島町には借りれる家も買える土地もないのだ。しかも、多くの農村集落がそうであるように、空いていたとしても見知らぬ人に家を貸すようなことはしないという保守的な雰囲気を感じるともいう。

「住宅地をつくるとかしないと、新しい人は入ってこおへんと思ってます」

彼は、より具体的な未来を思い描いている。二〇代の自分が、これから何十年先も暮らしていく地域の課題なのだ。景観保全や祭りの復活など、中川らが手掛けはじめたこととは別に、若い世代だからこそ発想できる別の活動が広がっていくのではないかと私は期待を抱いている。

「もしかしたら、これから一回くらい島から出るかもしらへんけど、いつかは絶対帰ってくると思ってるし」

彼と話していると、ほんがら松明の、ひいては島町の将来を見据えているかのような印象を言葉の節々から感じる。少しおおげさかもしれないが、二〇代の彼の言葉の奥に「ほんがら松明」の明るい未来を見たように感じた。

ほんがら松明を未来につなぐ

ほんがら復活以来、これからもつくりつづけていくためにどういう仕組みをつくったらよいか、地域のなかで話し合いがもたれていた。

ほんがらを実際に復活させる前、発案者の一人である松村昭二さんはこう話していた。

「（ほんがら松明をつくるのは）手間暇かかることやから、なかなか時代が、段々と変わっていくで、難しいなぁと思うけども、歴史だけは知っててもらいたいなぁと思う……まぁそれで、つくることはできなんでも、歴史だけは言い伝えてもらうほうがいいなぁと思うなぁ、うん」

この願いを大きく上回って、毎年、ほんがら松明がつくられる仕組みをつくっていくことになったのだ。五〇年ぶりにせっかく復活したものだし、立派な映画までつくられたのだ。いや、それよりも、みんなで一致団結してほんがらに火をつけるのはおもしろいじゃないか。ぜひ、これからもつづけていこう。とはいえ、無理なくみんなで楽しくつづけられる形を考えよう。

結局、話が落ち着いたのは、「ほんがら松明保存会」たるものをつくるということだった。二〇〇九年三月初め、保存会の話はようやくまとまりつつあった。ほんがらづくりにかかわりたい、保存会に参加したいという賛同者は、この時点でなんと二五人近くもいた。

祭りのための松明は、自治会のとりまとめのもと、これまで組ごとに一本ずつつくることが毎年繰り返されてきた。しかし、ほんがら松明保存会は、自治会とは別のものとして立ち上げようという話になった。なぜなら、自治会が進めていくという話になった途端、一家庭から一人だけ男性を出せばそれでよいという考えにつながってしまうからだ。逆に言うと、自治会役員にはまだ就かないような二〇代、三〇代の若手でも、ほんがら松明にかかわりたいと思ったら気軽に参加できる余地を残しておきたいという思いがあったのだ。

「組と保存会を一つのものとして考えなくてもいいわけょ」（中川豊一）

「若い子らは、同好会みたいな、ゆるい集まりのほうがええと思う」（櫻井誠一）

「一軒に二人出てもらってもいいわけやしな」（中川豊一）

なるほど、これまで組ごとに行ってきたどんがら松明づくりには若い人の参加はなかったのだ。地元の活動に興味があって参加したいと思ったとしても、「家長一人が出ればよい」という先入観が頭を占めていたのかもしれない。

「若いやつらに、町のことを意識さす場面をつくらんと」（櫻井誠二）

自治会から頼まれるままに神輿を担ぐのではなくて、祭りについて、自分たちで決めて自分たちで手を動かす。こうして、ようやく彼らも祭りの主役になることができるのだ。

「一年目、ワイワイやっとったら、楽しそうやったら、二年目入ろうと思ってもらえるやろうし」（櫻井誠二）

「ちょっとずつ、保存会に入る人を増やしていけば、将来、みんながほんがらをつくろうと言い出すかもしれないしよ」（中川豊一）

二〇〇九年三月、こうしてほんがら松明がこれからもつづいていくように、ほんがら松明保存会が立ち上がった。

ほんがら松明保存会、始動

春の嵐が夜とともに明け、温かく心地よい空気が島町を漂っている。二〇〇九年三月二二日、日曜日の朝、私は島町を訪れた。

「門野さんのとこで、朝八時からやるから、おいでや」

今日は、ほんがら松明保存会が「芯づくり」に取り掛かる日だ。午前八時、作業場に着いて早々、私が一番に驚いたのはその人数の多さである。数えてみると、なんと三〇人近くの島町の男性が集まっていたのだ。それも、下は二〇代、上は八〇代まで見事に年齢も揃っている。

「後継者にな、教えんとあかんと思って。本当は、もぅ、わしらはな、教えんでもええんやけどな」（田谷猛司）

ほんがら松明をつくり慣れている長老格は、少しでも自分の知恵を伝えておこうと作業現場に出てきたようだ。後輩が先輩に教えを乞う。そんな場面がそこかしこで見られる。かつて、青年団でほんがらをつくっていたときも、こうやって身振り手振り、手とり足とりでつくり方を伝授していたのだろう。

「芳郎さん、回らんわ。こうやって、一回通すやろ……」（安部健治）

「回らんやろ、もう、ここ、こうして」（福井芳郎）

「ここにこうして通すんと違うの」（安部健治）

ほんがら松明をつくった経験者、八〇代の老人クラブのメンバーからしたら、その下の年代は二〇代だろうが五〇代だろうがあまり変わらないようだ。日常的に男結びをしたことがない人はみな素人なのだ。

初めは要領がつかめなくて、手持ちぶさたで居心地が悪そうだった二〇代の若者たちも、最後には長老たちから男結びをしっかりと学んでいた。

「親指もいっしょに結んでしまうんやわ」

「親指くくったらあかんでー」

みんなが笑い合っている。そして、ともに手を動かし、一つのものをつくりあげている。年齢も職業も、住んでいる在所も就いている役職も何にも関係ない。共通していることは、今、ほんがら松明をいっしょにつくっているということ唯一つ。

自治会の組ごとで松明を一本つくること、自治会には家長が出ていくことなど、祭りを、そして島町という地域を守りつづけるために決められていた「型」を、ほんがら松明保存会は越えていったのだ。そして、祭りのための、地域の将来につづいていくほんがら松明づくりが彼らの手によってはじまったのである。

老人クラブが半世紀の時を隔てて復

ほんがら松明保存会での初めての芯づくり

活させたほんがら松明。それをつづけていくために奔走する中堅世代、そして、そのあとにつづいていこうとする若者たち。そんな世代を超えた有機的な連携でもって保存会が立ち上げられ、新しい担い手たちが今まさに動き出している。この事実は、ほかでもない、かつての青年らの手によって五〇年ぶりに姿を現したほんがら松明の「意思」によって実現したのではないだろうか。

三年目のほんがら松明

二〇〇九年四月一八日。この日は、ほんがら松明が復活して三年目となる宵宮祭だ。ほんがら松明保存会がつくった初めての松明が燃やされる。私は、いつも以上に期待で胸をふくらませて島町に足を踏み入れた。どのようにほんがら松明が燃えていくのかを見るのが、この季節の私の楽しみとなってしまった。長岡監督も駆けつけていた。彼女も、今年のほんがら松明を心待ちにしている一人である。

若宮神社の境内で松明が一本ずつ奉納されていくのをながめていると、今年は特別若い人が多いことに気がついた。偶然だろうか、太鼓を担ぐ男性以外にも祭りに参加している若者が去年よりずいぶん増えたように見える。久しぶりに会ったからか、若い男たちはお互いうれしそうで、あちこちで話が弾んでいる。なんだか、境内全体に若い力がみなぎっているようだ。そういえば、ほんがら松明保存会にも二〇代や三〇代の参加が多い。これも、ほんがら松明復活の相乗効果かもしれない。

さて、宵宮祭の終盤、残りはほんがら松明と五本あったどんがら松明が一本だけとなった。そろそろほんがら松明の出番のはず。今日は、琵琶湖畔にある国民休暇村(1)からの観光客もほんがら松明を観に訪れていて、例年より多い見物人の視線がほんがら松明に集まっていた。

若い男たちがほんがら松明の周りに集まった。ついに出番が来たようだ。三回目のほんがら松明への点灯ともなると、みんな勝手が分かっている様子で、スムーズに火付けの作業が進んでいく。ジリジリジリと松明を斜めにし、足元から炎を入れた。

あまりにも当然のことのように一つ一つの作業が進んでいくものだから、本当にほんがら松明が五〇年もの間途絶えていたのかと疑ってしまうくらいだ。老人クラブの人々も、一昨年のような不安や心配より期待のほうが大きいようだ。周りを囲む若者も落ち着いた雰囲気で、地突きがはじまった。

「ドンッ　ドンッ　ドンッ」

今年も期待通りの燃え方をしてくれるかな……あうんの呼吸で繰り返される地突きを眺めなが

(1)　休暇村近江八幡。〒523-0801　滋賀県近江八幡市沖島町宮ヶ浜　TEL：0748-32-3138

ら、炎が天辺《てっぺん》から噴きだす瞬間を想像していた。ところが……

「おい、横の隙間がまずいんやないか」

「炎が途中から出てきそうやな」

そんな声が聞こえてきた。地突きをしている面々は少し心配そうな様子になりながらも、炎を上へ上へ上げようと必死になり、同時に掛け声もいっそう大きくなった。すると、松明の真ん中より少し上あたりの稲藁から赤い火がチラと見えた。その瞬間、煙と炎が同時に側面の藁の中から現れた。

「あぁっ!!」

境内からどよめきが起こった。すると、その直後、松明の天辺から真っ赤で大きな炎が勢いよく立ち上った。

「ゴォォォォォォ」「バチバチバチバチバチバチ」

次の瞬間、ほんがら松明の先端から現れた炎は、たちまち横から噴きだした炎を巻き込んだ。それによって、ほんがら松明特有の「巨大なロウソク」のような燃える姿は辛うじてとどめられた。しかし、燃えるスピードが昨年より早く、三年目のほんがら松明はあっという間に地面に倒れてしまった。

「まぁ、失敗とも成功とも言えんわな」

「毎年うまくいったらおもしろうないで、ええんやない、こういうことがあっても」

美しく燃えるほんがら松明をいかにつくるかを、競ってつくってきた老人クラブのメンバーは思い思いに感想を語っている。地突きをしていた若者たちは、満足できないというような顔つきで燃えていくのを眺めていた。

「藁が少なかったんですわ。あそこだけ薄かったから」

苦笑いしながら、残念そうに敦史さんは語った。自分たちがつくったほんがら松明がうまく燃えてくれないのはいかにも「悔しい!」といった表情だ。しかし、来年はきっと成功させるぞという意気込みが感じられる。

藁をもっと均等に巻きつけて、空気を出さないようにすればよい、と解決策をすでにもちあわせている。これまでは見よう見まねでつくってきたほんがら松明だが、より良いものにするためにこれからさまざまな工夫が凝らされていくことだろう。

来年はどのようなほんがら松明を見

ほんがら松明の側面から煙が出はじめる

せてくれるのだろうか。再来年、その次は……？　私は、ほんがら松明が当たり前のようにこれからもつづいていくような気がしてならない。

今、二〇代の若者が七〇代になったとき、ほんがら松明復活の物語は昔話のように語られるのだろう。

「いもち送り」の復活

「今度、いもち送りを復活させるから」

そんな、中川の言葉に私の胸は高鳴った。島町で、ほんがら松明復活につづいてまた何かが起こる……？

いもち送りとは、田植えの終わった六月の中ごろに稲につく虫を追い払うための神事だ。「虫送り」とも呼ばれ、神社では攘蝗祭《じょうこうまつり》と位置づけられている。竹箒ほどの大きさの松明に火をつけて、あたりが暗くなってから田んぼの周りを回るというのだ。そのときに「いもちおーくれー、おーくれー」と歌うように口ずさんでいく。

かつては、米づくりをしている人みんなが自分の田んぼの虫を追い払うために参加していたという。農地整備がされる前の不揃いの小さな田んぼの畦道を人びとが炎をかざしながらぽつりぽつりと夜闇のなか歩きめぐった。真っ暗闇のなか、幻想的な光景が目に浮かんでくる。

しかし、現在は、ほんがら松明がつくられずにどんがら松明だけになっていたように、いもち送りも簡略化され、役員が数名、隣の北津田町と合同でささやかに行うだけの形式的な格好になっていた。それでも、このいもち送りの火の光が暗闇のなかでゆらゆらと揺れ動く様子が美しいと、毎年、新聞などに取り上げられて注目を集めつづけてきた。

中川は、ほんがら松明を復活したあと、いもち送りも以前のように地域をあげて行うかつての姿にしたいと思っていた。役員ではなくても、地域の人なら誰でも参加できて、子どもも大人もみんないっしょになってできるものにしたかったのだ。島町という地域全体を考えたとき、ほんがらの復活、そば打ちイベントと魚道整備、棚田の活用などとともにいもち送りも島町にとってはかかせないものと思い至ったのである。

二〇〇九年六月一三日、昼間は梅雨の時季らしく体にまとわりつくような蒸し暑い陽気だったが、夕方に島町を訪れると、北方の山々から涼しく肌やさしい風が吹き、体にこもった熱をとりのぞいてくれた。若宮神社にたどり着くと、そこには何十本ものいもち送り用の松明がきれいに並べられていた。六〇本ほどだろうか、整然と並べられ、今か今かと人びとを待ち構えているようだ。

松明には、二メートルくらいに切った竹の先端に乾燥させた稲藁や菜種殻がとりつけられている。先週末、土地改良区やほんがら松明保存会のメンバーが手づくりしたものだ。もちろん、材料は地域でとれたものばかりである。

午後七時、島町の子ども会に入っている二〇人近くの小学校の子どもたちとお母さんたちが集まりはじめた。同じころ、神事の炎の面倒をみる自警団の若者たちもいつものハッピ姿でやって来た。今日は取材陣も多い。加えて、地域外からの見物人も一〇人以上はいる。いもち送りをとりしきる四〇～五〇代のメンバーを含めて、ざっと七〇人ほどが境内に集まった。

不思議なもので、いつもは静かにしっとりとたたずむ本殿が、人が集まるとにわかに輝きを増すように見える。はしゃいで走り回る子どもたちをやさしく見つめているようにも感じられる。

さて、そろそろ出発だ。集まった人たちを三つのグループに分けてそれぞれのルートを練り歩くことになっている。小さな子どもも、一人一本松明を持っている。春の例祭で炎を見慣れているとはいえ、子どもや女性にとっては自分で火を扱うのは初めてのことだ。とくに、子どもたちは、自分の背丈より大きいくらいの松明を抱えるのだ。躊躇しながらも、大人たちに催促されて一人ずつそろそろと炎に松明を近づけていく。

「こわいわー。お母さん、うち持てへんわー」

勢いよく燃える炎を手にすることを怖がる少女。一方で、勇んで松明を持ち、颯爽と鳥居を抜けていく少年ら。その反応はさまざまだ。

次第にあたりは暗くなる。隊列を組んで歩いていく人びとは、田んぼの風景に溶け込んでいく。人が松明を抱えて歩く姿が、夜の帳《とばり》が下りていくにつれてだんだん見えなくなる。しかし、それとともにぼおっと燃える松明の炎が暗闇に浮き上がってくる。人の歩くのに合わせて、上下左右にゆらゆらと火の玉が揺れている。

遠くの空でゴロゴロゴロと雷が鳴っている。にわか雨が降るかなと心配した瞬間、雨を予知してか、田んぼから聞こえてくるカエルたちの声がさらに大きくなり、たちまち大合唱となった。カエルに負けじとほかの虫の音も騒がしくなった。山から来る風も少しばかり強くなり、手に持つ松明の炎は風にあおられて激しさを増した。

私は、田んぼのあぜ道に一人立ちつくしていた。向こうのほうでチラチラと揺れる数々の光の玉。

初めて大きな火を扱う少女たち

遠くで子どものキャッキャッとはしゃぐ声。ゴロゴロという雷の音。あまたのカエルや虫の声。夏に近づいていることを教えてくれる緑の濃い香り。山からの涼風、この暗闇のなか、山際にちょんちょんとついている小さな民家の灯り。田んぼをめぐり流れる水のせせらぎ……数えきれないくらい、感じきれないくらい、多くのものがいもち送りをかたちづくる。これらすべてが、一つとなって私のなかに入ってくる。

島町という集落・地域とはすべてのものの総体で、一つとして欠けてはいけない。地域という一つの社会をかたちづくる人々も、もちろんのことである。

「若宮さんの火の始末も頼んだよ」

「はいっ、そっちにも行きますわ」

若い自警団員と地域づくりを率先する中堅世代の人は、もはやあうんの呼吸でつながっているように見える。それぞれの担う役割をごく自然にまっとうしている。私は、彼らのやりとりを眺めていて、言葉少なくとも互いに理解しあっているという心地よい関係性がそこにあることに気がついた。それはゆっくりと積み上げられ、織りなされていくもので、一朝一夕にできるわけではない。二年前、私が初めて島町に訪れたころとは違う雰囲気が彼らの間にある。世代を超えてつながった、というより、もうすっかり仲間同士という感じだ。

ほんがら松明が初めてつくられた三年前から、地域の行事を経ていくにつれて彼らのつながりは深まっている。いや、今なら、きっとこの島町という地域社会で暮らしていくことそのものが関係性を重ねることになっているのかもしれない。それは、多くの地域社会で失われてしまった「かたち」であり、目に見えないけれど、地域そのものの存続をも左右するとても大きなことだ。

地域の人々が共有する祭りという行事を、今、このときに復活させることが何になるのか、どのような意味があるのか、私にはようやく分かったような気がした。


「じゃあ、あとのこと頼んだわ。風強いからよ、よう燃えるようやからな」

「はい、分かりました、やっときますわ」

いもち送りの松明を燃やしきるため、自警団の若者らは火の番をしながら炎を見つめている。赤く激しく立つ火柱が、彼らのハッピの「島町」という二文字を鮮やかに照らしだしていた。

おわりに

二〇〇八年三月から二〇〇九年九月まで、およそ一年半にわたって私は岐阜市から島町まで幾度となく足を運んだ。「渡合」のバス停でバスを降りると、私はいつも心から落ち着いた気分になった。季節ごとの景色の美しさ。それは人がていねいに住んでいるからこその風景なのだ。山や川、田園、家並み、お地蔵さん、寺社、祭り、そしてそこに生きる人々や小鳥や動物までのすべてを含んだものの総体として豊かな島町がある。

しかし、それはキラキラと美しいだけのものではないことを、この土地に根ざして暮らしを営んできた島町の古老の言葉から教えてもらった。ここで生きるために、土を耕し、水を引き、体を酷使して働いてきたという経緯がある。そうした経験を乗り越えてきた彼らは、体がいうことをきかなくなるまで田んぼや畑、植林した山や竹林を大切にしつづける。

このような暮らしと並行して、毎日の生活の安寧を祈るために年に一度奉納される「ほんがら松明」づくりが行われた。これは、今の生活様式とはかけ離れた状況のなかで五〇年前までつくられていたものだった。だから、今このときに、ほんがら松明を復活してもかつてとまったく同じ気持ちでつくられているとは言い難い。しかし、村の長老たちがほんがら松明を次につなげていこうとする過程で、次世代を担う男衆に地域への愛着や誇りのようなものが芽生えてきたように思える。つまり、ほんがら松明が今のこの時代に甦ったことの意義は大きく、それは昔とは別のところにあったのだ。

それには、ほんがら松明復活や、その経緯を見事にとらえた映画『ほんがら』の存在など、愛着が高まるきっかけが現れたという理由にとどまらない。こうしたものに敏感に反応し、ほんがら松明が復活し存続しているということは、一番根底に流れつづけていた島町という農村社会の暮らしや、それを支える豊かな自然や人びとのつながりがまだまだ健在であったことも同時に浮き彫りにされたのではないだろうか。

その糸をつなげてきた長老らは、ようやく新しい世代に「ほんがら松明」という形とともにその精神を手わたすことができたと喜んでいると思う。

農村の荒廃、限界集落の問題……今、自分が生きているこの時代にたくさんの課題が山積していると感じ、気ばかりが焦っていた。しかし、ここに来て、きちんとゆっくり心を継いでいくことが、長くつづけていくためにもっともふさわしい方法であると思うに至った。

着実に一歩ずつ、前に行きつつ戻りつつ、そして深くしていく。それはまさに、島町での実践を目の当たりにして行き着いた、私にとっての一つの道標である。

感謝のことば

私はこの一年半、言葉では語りつくせないほどたくさんのことを学ばせていただきました。映画『ほんがら』に出合ったことがすべてのきっかけでした。

膨大な時間と、そして強い思いをかけてこの映画を世に出された映画監督の長岡野亜さんに尊敬の念とともに、執筆の過程で多大なるご協力、さまざまなアドバイスをいただいたことを感謝申し上げます。今後も何か機会がありましたらごいっしょさせていただき、勉強させていただきたいと思います。

また、本書のなかに出てくる島町の方々の会話の多くは、映画『ほんがら』の制作で撮影された映像の文字録を使わせていただきました。これらの文字録は、私がとらえきれなかった島町の人びとの生き生きとした表情や気持ちを示してくれ、執筆にあたってもっとも貴重な資料となりました。この映画を企画し制作された「ひょうたんからKO-MA」のみなさん、映画制作に携わられたみなさんに厚く御礼申し上げます。

とくに、悩んだとき、立ち止まったとき、私の相談にきめ細かく応えていただき、あらゆる側面から執筆をサポートしてくださった藤田知丈さん、地元の方たちとの調整から、私の思いや考えを尊重してくださり、全面的に支えてくださった中川豊一さんに心より御礼申し上げます。

さらに、島町のみなさんは、お忙しいなか惜しみなくお時間を割いて私のインタビューに付き合ってくださいました。いつもみなさんから温かい言葉をかけていただき、書き進める勇気と元気をいただきました。とくに、取材に答えてくださった松村昭二さん、奥様の正子さん、田谷猛司さん、福井芳郎さん、奥様の美枝子さん、福居寿一さん、奥様の久さん、奥西駒仁治さん、雪吹三郎さん、雪吹勝さん、関目広吉さん、櫻井誠二さん、奥井敦史さん、大嶋・奥津嶋神社の深井武臣さん、どうもありがとうございました。また、来年のほんがら松明の奉納を楽しみにしています。

そして、島町の郷土教育についてご教示くださった滋賀大学の木全《きまた》清博教授、そのほか、ご協力下さったすべての方にこの場を借りて感謝申し上げます。また、近江の文化を保存するというすばらしい取り組みがあったからこそ、島町で学ばせていただく機会に恵まれました。主宰された「たねや近江文庫」のみなさま、どうもありがとうございました。そして、執筆活動中、アドバイスやヒントを下さった編集者の武市一幸さんにお礼を申し上げます。

最後に、私の活動を理解し、支援してくれた夫・彰秀さんに深く感謝します。

二〇一〇年一月一〇日

水野馨生里

参考文献一覧

■文献

・近畿大学文芸学部編『近江八幡市　島学区の民俗』近畿大学文芸学部、二〇〇二年
・滋賀県蒲生郡島尋常高等小学校編／栗下喜久次郎編集『島村郷土読本（全）』蒲生郡（滋賀県）国民学校研究会、一九四〇年
・おうみ未来塾七期生編『地域が動く！地域を動かす！風土力　おうみ未来塾第七期活動成果報告書』淡海ネットワークセンター、二〇〇七年
・近江八幡市史編集委員会編『近江八幡市　近江八幡の歴史第三巻　祈りと祭り』近江八幡市、二〇〇七年
・近江八幡市史編集委員会編『近江八幡市　近江八幡の歴史第四巻　自治の伝統』近江八幡市、二〇〇八年
・木全清博編『地域に根ざした学校づくりの源流　―滋賀県島小学校の郷土教育』文理閣、二〇〇七年
・木全清博『滋賀の学校史―地域が育む子どもと教育』文理閣、二〇〇四年
・木全清博『社会認識の発達と歴史教育』岩崎書店、一九八五年
・江南良三『近江八幡人物伝』近江八幡市郷土史会、一九九〇年

・『近江蒲生郡志　一巻』滋賀県蒲生郡役所、一九二二年
・長谷川嘉和『近江の民具――滋賀県立琵琶湖博物館の収蔵品から』サンライズ出版、二〇〇六年
・木村至宏『琵琶湖――その呼称の由来』サンライズ出版、二〇〇一年
・徳岡治男語り・小坂育子構成『聞き書き　里山に生きる』サンライズ出版、二〇〇三年
・宮本常一『忘れられた日本人』岩波書店、一九八四年
・鈴木正崇『女人禁制（歴史文化ライブラリー）』吉川弘文館、二〇〇二年
・今森光彦『里山の道』新潮社、二〇〇一年
・野村しづかず『写真で綴る湖国の原風景―昭和三十年代の記憶』サンライズ出版、二〇〇七年

■論文

・板橋孝幸「昭和戦前期農村小学校における郷土教育実践の変容――『科学的』調査から自力更生的実践への転換」『東北大学大学院教育学研究科研究年報』第五三集第二号、二〇〇五年所収
・溝江麻衣子「ドキュメンタリー映画製作が地域社会に与える影響に関する研究――近江八幡　市島町を対象として」滋賀県立大学環境科学部環境政策計画学科専攻、二〇〇八年（卒業論文）

■ホームページなど

・農村再生ドキュメンタリー映画作品『ほんがら』 http://gonza.xii.jp/hongara/
・琵琶湖研究会 http://www.bbweb-arena.com/users/biwako/
・おうみ未来塾 http://www.ohmi-net.com/miraijuku/
・島町 http://www.zc.ztv.ne.jp/shimacho/
・不老長寿 伝説の霊果〝むべ〟 http://www.nube.jp/mube-guji.html
・近江八幡市 http://www.city.omihachiman.shiga.jp/
・近江八幡観光物産協会 http://www.omi8.com/index1.htm

■その他

・〈おうみネットNo.64〉淡海ネットワークセンター、二〇〇八年
・〈HOTホトケさん通信 vol.1〉箱庭の里奥嶋の集い、二〇〇八年
・〈HOTホトケさん通信 vol.2〉箱庭の里奥嶋の集い、二〇〇八年
・〈HOTホトケさん通信 vol.3〉箱庭の里奥嶋の集い、二〇〇八年
・〈HOTホトケさん通信 vol.4〉箱庭の里奥嶋の集い、二〇〇八年
・〈「むべ」献上の由来〉大嶋・奥津嶋神社宮司、深井武臣

「シリーズ近江文庫」刊行のことば

美しいふるさと近江を、さらに深く美しく

海かともまがう巨きな湖。周囲230キロメートル余りに及ぶこの神秘の大湖をほぼ中央にすえ、比叡比良、伊吹の山並み、そして鈴鹿の嶺々がぐるりと周囲を取り囲む特異な地形に抱かれながら近江の国は息づいてきました。そして、このような地形が齎したものなのか、近江は古代よりこの地ならではの独特の風土や歴史、文化が育まれてきました。

明るい蒲生野の台地に遊猟しつつ歌を詠んだ大津京の諸王や群臣たち。束の間、古代最大の内乱といわれる壬申の乱で灰燼と化した近江京。そして、夕映えの湖面に影を落とす廃墟に万葉歌人たちが美しくも荘重な鎮魂歌（レクイエム）を捧げました。

源平の武者が近江の街道にあふれ、山野を駈け巡り蹂躙の限りをつくした戦国武将たちの国盗り合戦の横暴のなかで近江の民衆は粘り強く耐え忍び、生活と我がふるさとを幾世紀にもわたって守ってきました。全国でも稀に見る村落共同体の充実こそが近江の風土や歴史を物語るものであり、近世以降の近江商人の活躍もまた、このような共同体のあり様が大きく影響しているものと思われます。

近江の自然環境は、琵琶湖の水環境と密接な関係を保ちながら、そこに住まいする人々の暮らしとともに長い歴史的時間の流れのなかで創られてきました。美しい里山の生活風景もまた、近江を特徴づけるものと言えます。

いささか大胆で果敢なる試みではありますが、「ＮＰＯ法人　たねや近江文庫」は、このような近江という限られた地域に様々な分野からアプローチを試み、さらに深く追究していくことで現代的意義が発見できるのではないかと考え、広く江湖に提案・提言の機会を設け、親しき近江の語り部としての役割を果たすべく「シリーズ近江文庫」を刊行することにしました。なお、シリーズの表紙を飾る写真は、本シリーズの刊行趣旨にご賛同いただいた滋賀県の写真家である今森光彦氏の作品を毎回掲載させていただくことになりました。この場をお借りして御礼申し上げます。

2007年６月

ＮＰＯ法人　たねや近江文庫

理事長　山本徳次

著者紹介

水野馨生里（みずの・かおり）

1981年、岐阜市生まれ。慶応義塾大学総合政策学部卒。

在学中、カンボジア・クメール伝統織物研究所でのフィールドワークを通じて、自分にとっての伝統・文化を模索し始める。2004年、一時生産が中止されていた岐阜市の伝統工芸品「水うちわ」の復活を職人や仲間とともに試みる。水うちわが再びつくられ、使い続けられるためには、自然と調和した暮らしの文化・知恵が紡がれていかなければならないと実感。

現在、自然と寄り添った暮らしが色濃く残る集落、郡上市石徹白《いとしろ》で生きる知恵と自然の恩恵を授かりながら生活を営むべく、移住計画進行中。

著書に『水うちわをめぐる旅〜長良川でつながる地域デザイン〜』（新評論）がある。

《シリーズ近江文庫》
ほんがら松明復活
——近江八幡市島町・自立した農村集落への実践——　（検印廃止）

2010年2月25日　初版第1刷発行

著　者　水野馨生里
　　　　長岡野亜
特別協力　地域プロデューサーズ
　　　　ひょうたんからKO-MA
発行者　武市一幸

発行所　株式会社　新評論

〒169-0051　東京都新宿区西早稲田3-16-28
電話　03(3202)7391
振替・00160-1-113487

落丁・乱丁はお取り替えします。

定価はカバーに表示してあります。

http://www.shinhyoron.co.jp

印刷　フォレスト
製本　桂川製本
装幀　山田英春

Printed in Japan
ISBN978-4-7948-0829-5

シリーズ近江文庫　*Ohmi Library*

筒井正夫

近江骨董紀行　城下町彦根から中山道・琵琶湖へ

知られざる骨董店や私設美術館、街角の名建築など、
隠れた名所に珠玉の宝を探りあて、「近江文化」の魅力と
真髄を味わい尽くす旅。

［四六並製　324頁　2625円　ISBN978-4-7948-0740-3］

山田のこ

琵琶湖をめぐるスニーカー
お気楽ウォーカーのひとりごと

総距離220キロ、湖の国「近江」の美しい自然、豊かな文化、
人々とのふれあいを満喫する清冽なウォーキングエッセイ。

第１回「たねや近江文庫ふるさと賞」最優秀賞受賞作品

［四六並製　230頁　1890円　ISBN978-4-7948-0797-7］

滋賀の名木を訪ねる会 編著

滋賀の巨木めぐり　歴史の生き証人を訪ねて

長い年月を近江の地で生き抜いてきた巨木、名木の生態・歴史・
保護方法を詳説した絶好の旅案内。
嘉田由紀子県知事推薦！「巨木たちに会いに行きませんか」

［四六並製　272頁　2310円　ISBN978-4-7948-0816-5］

水野馨生里

水うちわをめぐる旅　長良川でつながる地域デザイン

生まれ育った愛すべき土地の豊かな自然と文化を生かしたい！
伝統と未来をつなぐ若者たちの挑戦。
あなたのまちにも、すばらしい文化の宝がきっとあります！

［四六上製　236頁　1995円　ISBN978-4-7948-0739-7］

＊ 表示価格は消費税（5%）込みの定価です